LES
VOIES DE COMMUNICATION
EN
COCHINCHINE

PAR

R. GENTILINI

INGÉNIEUR

ANCIEN ÉLÈVE DE L'ÉCOLE DES PONTS ET CHAUSSÉES

Prix : 2 francs.

PARIS
PUBLICATIONS DU JOURNAL *LE GÉNIE CIVIL*
6, RUE DE LA CHAUSSÉE-D'ANTIN, 6
1886

LE GÉNIE CIVIL

REVUE GÉNÉRALE HEBDOMADAIRE DES INDUSTRIES FRANÇAISES
ET ÉTRANGÈRES

Paraissant tous les Samedis

COMITÉ SUPÉRIEUR DE RÉDACTION :

MM.

ARBEL, O. ✳, Maître de forges à Rive-de-Gier, Ancien président de la Société des anciens élèves des Écoles nationales d'Arts et Métiers.

GEORGES BERGER, C. ✳, Directeur général des sections étrangères à l'Exposition universelle de 1878, président de la Société internationale des Electriciens.

R. BISCHOFFSHEIM, ✳, Ingénieur civil.

BIVER, ✳, Ingénieur, administrateur de la Compagnie de Saint-Gobain, Chauny et Cirey.

BOURDAIS, O. ✳, Architecte du palais du Trocadéro, ancien Vice-Président de la Société des Ingénieurs civils.

BOUTTILLIER, ✳, Ingénieur en chef à la Compagnie des chemins de fer du Midi, Professeur à l'Ecole Centrale.

CAUVET, O. ✳, Ingénieur, Directeur de l'Ecole Centrale.

E. CHABRIER, O. ✳, Ancien Ingénieur de la voie au chemin de fer de l'Ouest, Administrateur de la Compagnie Générale Transatlantique, ancien Président de l'Association des anciens élèves de l'Ecole Centrale.

CH. COTARD, ✳, Ingénieur civil, ancien élève de l'Ecole Polytechnique.

DECAUX, ✳, Directeur des teintures des Manufactures nationales des Gobelins et de Beauvais.

DEHÉRAIN, ✳, Professeur au Muséum d'histoire naturelle et à l'Ecole d'agriculture de Grignon.

DIETZ-MONNIN, C. ✳, Président de la Chambre de commerce de Paris, Directeur de la section française à l'Exposition universelle de 1878.

DUMOUSTIER DE FRÉDILLY, ✳, Chef de bureau au ministère du Commerce.

ALFRED ÉVRARD, ✳, Directeur général de la Compagnie des Forges de Châtillon et Commentry, membre du Conseil de perfectionnement de l'Ecole des Mines de Saint-Etienne.

JOSEPH FARCOT, O. ✳, Ingénieur-Constructeur, ancien Président de la Société des Ingénieurs civils.

FICHET, Ingénieur civil.

DE FRÉMINVILLE, O. ✳, Directeur des constructions navales, en retraite, ancien Professeur à l'Ecole Centrale.

FRIBOURG, O. ✳, Directeur du personnel au ministère des Postes et Télégraphes, Professeur à l'Ecole supérieure de Télégraphie.

FERDINAND GAUTIER, Ingénieur civil.

GRANDVOINNET, ✳, Professeur de Génie rural à l'Institut national agronomique.

HUDELO, O. I. ✳, Ingénieur civil, Vice-Président de l'Association Polytechnique, membre de la Commission des logements insalubres.

JOSEPH IMBS, ✳, Ingénieur, Professeur de filature et tissage au Conservatoire des Arts et Métiers.

JACQUEMART, O, ✳, Ingénieur civil des Mines, Inspecteur général des Ecoles d'Arts et Métiers et de l'Enseignement technique.

MM.

JOUSSELIN, ✳, ✳, Ingénieur ; Inspecteur principal de l'Exploitation à la Compagnie des chemins de fer de P.-L.-M.; Expert près les Tribunaux.

C. LAURENS, ✳, Ingénieur civil et métallurgiste, ancien Président de l'Association des anciens élèves de l'Ecole Centrale.

LAUTH, O. ✳, Administrateur de la manufacture nationale de porcelaine de Sèvres.

LAVALLEY, O. ✳, Ancien Président de la Société des Ingénieurs civils.

LEVASSEUR, O. ✳, Membre de l'Institut, Professeur au Collège de France et au Conservatoire des Arts et Métiers.

H. LÉAUTÉ, ✳, Ingénieur des Manufactures de l'État, Répétiteur à l'École Polytechnique, Lauréat de l'Institut, Directeur des études à l'école préparatoire de l'École Monge.

MAURICE LÉVY, O. ✳, Membre de l'Institut, Ingénieur en chef des Ponts et Chaussées, Professeur à l'Ecole Centrale, Professeur suppléant au Collège de France.

MARIE DAVY, ✳, Directeur de l'Observatoire météorologique de Montsouris.

G. MASSON, ✳, Libraire-éditeur.

ÉMILE MULLER, O. ✳, Professeur à l'Ecole Centrale, ancien Président de la Société des Ingénieurs civils, Vice-Président de la Société française d'hygiène.

NIVOIT ✳, Ingénieur en chef des Mines, Professeur de géologie et de minéralogie à l'Ecole nationale des Ponts et Chaussées.

Le colonel PERRIER, O. ✳, Membre de l'Institut et du Bureau des longitudes.

H. RÉMAURY, ✳, Ingénieur conseil, ancien Directeur des Forges d'Ars-sur-Moselle et de Pompey.

RICHEMOND, ✳, Administrateur de la Société centrale de construction de machines de Pantin, Juge au Tribunal de commerce de la Seine.

RISLER, O. ✳, Directeur de l'Institut national agronomique.

SER, ✳, Ingénieur civil, Professeur à l'Ecole Centrale.

T. SEYRIG, Ingénieur-constructeur.

CHARLES THIRION, ✳, Ingénieur civil, Secrétaire général des Congrès et Conférences de l'Exposition de 1878, Vice-Président de l'Association des inventeurs et artistes industriels (Fondation Taylor).

ÉMILE TRÉLAT, O. ✳, Architecte en chef du département de la Seine, Directeur de l'Ecole spéciale d'Architecture, Professeur au Conservatoire des Arts et Métiers, ancien Président de la Société des Ingénieurs civils.

F. VALTON, ✳, Ingénieur, ancien chef de service des aciéries de Terrenoire.

VIGREUX, ✳, Ingénieur civil, Professeur à l'Ecole Centrale.

CAMILLE VINCENT, ✳, ✳, Ingénieur civil, Professeur à l'Ecole Centrale.

MAX DE NANSOUTY, A. ✳, Rédacteur en chef-Gérant du journal LE GÉNIE CIVIL.
CH. TALANSIER, Ingénieur, Secrétaire de la Rédaction.

PRIX DE L'ABONNEMENT PAR AN :

PARIS : **36** francs ; DÉPARTEMENTS : **38** francs. — ÉTRANGER (*union postale*) : **40** francs.
Autres pays, le port en sus.

Trois mois : PARIS **10** francs DÉPARTEMENTS ET ÉTRANGER (*union postale*), **12** francs

LES
VOIES DE COMMUNICATION
EN
COCHINCHINE

PAR

R. GENTILINI

INGÉNIEUR

ANCIEN ÉLÈVE DE L'ÉCOLE DES PONTS ET CHAUSSÉES

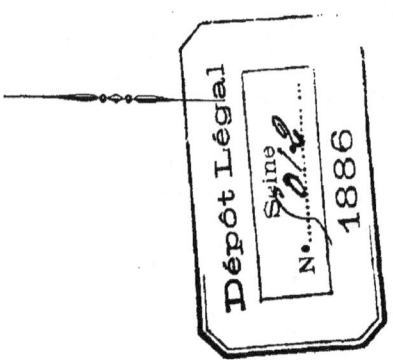

PARIS
PUBLICATIONS DU JOURNAL *LE GÉNIE CIVIL*
6, RUE DE LA CHAUSSÉE-D'ANTIN, 6
1886

LES
VOIES DE COMMUNICATION
EN
COCHINCHINE

La construction des grands travaux publics et, en particulier, des voies de communication est à l'ordre du jour dans notre colonie française de Cochinchine depuis 1879. Comme elle soulève des questions intéressantes pour l'Ingénieur, nous avons pensé qu'il serait utile de donner sur ce sujet quelques renseignements que nous avons pu nous procurer sur place. Les documents que nous avons consultés à Saïgon en 1883 sont peu connus en France ; quelques-uns même n'ont été publiés qu'en partie dans le *Journal Officiel de la Cochinchine française* ou dans les rares journaux de la colonie.

En 1879, l'Administration de la Cochinchine passait de l'autorité militaire aux mains de l'autorité civile représentée par un Gouverneur assisté d'un Conseil colonial nommé par la population.

Un des premiers soins de ce nouveau Gouvernement fut de faire élaborer un vaste programme de travaux publics qui pût donner satisfaction aux besoins de la population cochinchinoise tout entière, sans distinction d'origine. Or, dans cette colonie comme dans chaque nouveau pays ouvert à la civilisation, la question si complexe des voies de communication se posait d'une manière particulière et ne tardait pas à acquérir bientôt la prépondérance parmi toutes les questions qui intéressaient la richesse publique.

Ces travaux, dont le but devait être de donner à notre colonie l'outillage commercial et agricole nécessaire pour se développer, ne pouvaient se faire sans entraîner de fortes dépenses pour le budget local. Le Gouvernement colonial affirmait bien qu'il était possible de les mener à bonne fin sans faire d'emprunt ; mais il était obligé de reconnaître que, tout au moins, les finances de la Cochinchine seraient nécessairement engagées pour une longue période de temps.

Les relations chaque jour plus nombreuses de la population européenne avec les indigènes tendaient de plus en plus, à cette époque, à favoriser l'assimilation de la race annamite que l'on poursuivait peut-être alors avec une trop grande rapidité, et faisaient que les préoccupations d'ordre économique et social l'emportaient de beaucoup sur les dissentiments politiques dans notre colonie. Les élections au Conseil colonial se faisaient même sur la question des grands travaux publics à projeter.

L'utilité de voies de communication nombreuses et commodes pour relier entre eux les centres de production et de consommation n'était contestée par personne; mais deux partis se trouvaient en présence : l'un soutenant que le complément et le perfectionnement des voies navigables dans un pays où la nature a déjà tant fait pour elles, devaient généralement primer la construction des routes; l'autre demandant avant tout la création d'un vaste réseau de routes et d'une voie ferrée traversant la Cochinchine de l'est à l'ouest et remontant le Mé-Kong pour aller aboutir à Pnom-Penh, capitale du Cambodge.

Mais pour bien comprendre l'importance capitale du choix qui serait fait entre les deux systèmes, celui des routes terrestres ou celui des routes fluviales ; il est nécessaire d'examiner rapidement la constitution physique de la Cochinchine, les ressources de son sol, et les habitudes de la population indigène.

Le territoire de la Cochinchine comprend deux régions très distinctes. L'une, qu'on peut appeler la région maritime et fluviale, se compose de plaines formées par les alluvions du Mé-Kong, de la rivière de Saïgon et des Vaïcos, cours d'eau très importants qui aboutissent à la mer par de vastes estuaires. Ces plaines ne s'élèvent en général que de quelques centimètres au-dessus du niveau des hautes marées, et en plusieurs points même elles descendent au-dessous de ce niveau. Elles sont sillonnées par un grand nombre de rivières et de canaux naturels ou artificiels, *rachs* et *arroyos*, communiquant avec la mer et assujettis par suite à l'influence des marées. Aussi, une grande partie de ce territoire est-il plus ou moins complètement submergé à chaque retour du flot. Les terres qui sont régulièrement envahies par le flot et découvertes à mer basse constituent des *rizières* d'une grande fertilité. Une autre partie de la zone fluviale est recouverte chaque année, pendant plusieurs mois, par le débordement périodique du Mé-Kong.

L'autre région, qu'on peut appeler la région des collines, est d'une toute autre formation ; « elle appartient généralement aux terrains primitifs et comprend des collines ou des mamelons dont la hauteur domine de quelques centaines de mètres le niveau de la mer. » Elle est beaucoup moins fertile que la première; on y trouve des bois de construction et quelques carrières de pierre.

Comme le dit M. l'Ingénieur Thévenet, lorsqu'on arrive en Cochinchine, « on voit d'une part un pays littéralement déchiqueté *d'arroyos*, un sol peu consistant, couvert d'un inextricable fouillis de végétation, un véritable archipel couvert d'îlots de 3 à 4 kilomètres de diamètre; on voit la population massée sur le bord de ces clairières naturelles, on la voit s'agiter sur ces cours d'eau dans des bateaux de formes et de dimensions les plus diverses; chaque riverain a son *sampan*, comme chez nous tout agriculteur a sa charrette... La nature, toute-puissante sur les peuples primitifs, a imprimé à l'Annamite son caractère spécial: emprisonné par l'eau, il l'a utilisée autant qu'il était en lui, il est devenu batelier de naissance; forcé d'aller lentement, ayant peu de besoins parce qu'il avait peu de ressources, il est devenu indolent, insouciant de la valeur du temps. L'Annamite est ce que son sol et son ciel l'ont fait... »

M. l'Ingénieur en chef des Ponts et Chaussées Combier écrit dans un de ses rapports : « La Cochinchine est un pays pauvre, susceptible de devenir riche avec le temps, élément indispensable de son développement. Le gouvernement de Hué, suivant en cela la tradition de tous les gouvernements oppresseurs de l'Asie orientale, avait interdit à ses sujets tout commerce extérieur. Le riz, seul objet de consommation que ce pays produit en abondance, ne pouvait pas être exporté. Il devenait donc inutile de cultiver les rizières dans des proportions supérieures aux besoins de la consommation indigène. Ne pouvant rien vendre, les Annamites ne pouvaient guère acheter. Les mandarins de tous ordres et de toute classe exploitaient la masse de la population par des exactions auxquelles ces peuples sont pour ainsi dire habitués. Cette exploitation des faibles par tous ceux de leurs compatriotes qui peuvent les servir ou leur nuire n'a pas encore complètement disparu. La concussion sous toutes ses formes est entrée dans les mœurs de ce peuple, aussi bien de ceux qui en sont les victimes que de ceux qui en profitent.... Ce peuple a donc été accoutumé à être pressuré et à vivre de peu. Le climat, d'ailleurs, contribue à réduire ses besoins. Des hangars en bois et en paille suffisent à l'abriter contre les orages de la saison pluvieuse, il vit en plein air, couche sur la dure.... Un peu de riz, le poisson dont ses rivières fourmillent, les bananiers qui viennent partout et en toute saison, suffisent à sa nourriture... L'ouvrier vit au jour le jour sans s'inquiéter du lendemain. C'est dire que le capital est rare en Cochinchine et que ce premier élément de la vie industrielle et commerciale fait défaut aux indigènes. »

En résumé, le peuple annamite est essentiellement agricole ; sa culture principale, on peut même dire unique, est le riz qu'il emploie presque exclusivement pour son alimentation et dont le surplus est exporté en Chine. De plus, la configuration du sol fait que jusqu'ici la circulation des personnes et les transports des marchandises ont toujours eu lieu par eau depuis un temps immémorial ; tandis que les routes de terre, sauf un très petit nombre, n'étaient la plupart du temps que d'étroits sentiers formés par des bourrelets de terre provenant des rizières et accessibles seulement aux piétons.

Fallait-il, en créant de toutes pièces un vaste réseau de routes et de chemins de fer, essayer de changer aussi rapidement que possible les mœurs et les habitudes du peuple annamite, ou valait-il mieux se contenter pendant un bon nombre d'années encore de perfectionner les voies fluviales existantes?

Dans la presse, dans le public, dans l'administration, les promoteurs des routes et des voies ferrées d'un côté, les défenseurs des canaux de l'autre, se livraient à des polémiques sans fin. Les Ingénieurs eux-mêmes se trouvèrent en désaccord complet sur la solution générale à adopter. M. Thévenet, Ingénieur des Ponts et Chaussées, Ingénieur en chef des travaux de la Cochinchine, disait dans son rapport au Conseil colonial : « La route est la voie naturelle de la locomotion pour l'homme, c'est celle qui réclame l'outillage de transport le plus simple et le moins coûteux, et c'est celle qui se prête le mieux à la multiplication économique des relations locales et générales.... Cet avantage de la route a un intérêt tout spécial en Cochinchine où la surface actuellement cultivée n'atteint pas le *dixième* de la superficie totale de la colonie; les bords des arroyos sont seuls exploités comme le sont toujours les marges d'une voie de communication quelconque, comme le seront demain les bords du réseau de routes, *quelle que soit son étendue*.... Nous ne croyons pas qu'on puisse songer à substituer au réseau terrestre, un réseau vicinal de canaux constitué de tous ces *rachs* de vase ou d'eau suivant le jeu des marées, dont le seul entretien, le seul curage méthodique absorberait les ressources de la colonie, sans compter les dangers qu'il ferait courir périodiquement à la santé publique.

» Contrairement à une opinion trop souvent émise, la constitution géologique et hydrographique de la Cochinchine ne la rend pas moins apte que tout autre pays du monde à l'application des engins de transports perfectionnés et à la condition d'approprier le matériel et les règles d'exploitation à la nature spéciale et à l'importance vraie du trafic à desservir; *les chemins de fer sont peut-être en Cochinchine la solution logique et économique du problème des transports.*

» ... Il n'y a pas de montagnes à franchir, partant pas de fortes rampes, pas de courbes brusques si onéreuses pour l'exploitation ; il n'y a pas de roches dures à percer, pas de terrassements de haut prix; les terrains sont encore de faible valeur et les chemins de fer ne coûteraient pas plus en Cochinchine que les routes nationales en France, s'il n'y avait les cours d'eau à franchir.

» ... Quant à la difficulté des ouvrages eux-mêmes, il ne faut pas se l'exagérer : l'obstacle principal se trouve dans la profondeur des cours d'eau à franchir. Tant que cette profondeur ne dépasse pas 12 à 15 mètres, le pont en fer sur *pieux à vis* est d'exécution normale ; sa longueur importe peu, le prix du mètre linéaire ne dépendant que de la disposition et de l'ouverture des travées et non de leur nombre. Un pont de chemin de fer de 60 mètres coûtera 80 à 90 000 francs ; un pont de 600 mètres coûtera 900 000 fr. ; la difficulté d'exécution sera sensiblement la même.

» On objectera aux chemins de fer l'inondation et le peu de consistance du sol; on évitera la première par des remblais faciles et de peu de hauteur, si on a soin surtout de se tenir sur le bourrelet qui sépare toujours le lit d'un fleuve des plaines inondées par lui.

» ... Reste la question d'économie de transport, la dépense pour l'Etat et pour le pays. Les chemins de fer, nous dit-on, ne lutteront jamais contre la navigation ; il faut payer sur la voie ferrée au moins 0 fr. 06 c. par tonne et par kilomètre ; le fret sur l'eau ne dépasse pas 0 fr. 02 c. Les canaux dont on demande l'ouverture coûteront au minimum 200 000 francs le kilomètre, les chemins de fer peuvent s'établir pour moins de 80 000 francs. Evaluons l'intérêt et l'amortissement à 10 % seulement, chiffre bien minime vu le taux de l'intérêt dans la colonie, et cherchons dans l'hypothèse du tarif de 0 fr. 06 c. pour le chemin de fer et de 0 fr. 02 c pour les canaux, quelle serait, pour un trafic de 100 000 tonnes, la dépense totale occasionnée par chacun de ces modes de transports.

» Nous aurons par les canaux : $\dfrac{200\,000}{10}$ (intérêt et amortissement du capital d'établissement) $+ 100\,000 \times 0,02$ (transport proprement dit) $= 22\,000$ francs ; par le chemin de fer : $\dfrac{80\,000}{10} + 100\,000$

× 0,06 = 14 000 francs, soit une économie réelle de 36 % en faveur de la voie ferrée. »

Ainsi M. Thévenet arrivait à une conclusion qui se trouve en contradiction formelle avec celle qui ressort de l'expérience et des renseignements statistiques des autres pays ; ce qu'il reconnaissait du reste.

La conclusion de son étude était :

« 1° Il faut utiliser et améliorer la partie réellement économique du réseau des voies navigables, à savoir : les grands fleuves, à débit propre, à profondeur constante ; il faut, par un balisage et peut-être un éclairage judicieusement établi et régulièrement entretenu, en rendre le parcours facile en toutes circonstances de jour et de nuit.....

» Il faut créer des routes de terre et, dans cet ordre d'idées, *il n'y a pas à redouter d'aller trop loin ni trop vite ;* chaque route ouverte, chaque pont jeté sur un fleuve est une source immédiate de richesse et de lumière. Là est la grande œuvre économique de la colonie.....

» Il faut faire des chemins de fer qui ne sont que des routes perfectionnées, là du moins où un trafic actuel, incontestable, permet de mettre immédiatement à profit *la facilité relative* d'établissement et d'exploitation de ces voies en Cochinchine... »

En résumé, M. Thévenet était partisan de la création d'un réseau complet de routes qu'il divisait en routes coloniales et routes d'arrondissement d'après l'importance relative des intérêts à des servir, et qui devaient être construites et entretenues sur les fonds du budget général de la colonie. Les routes coloniales devaient relier entre eux et à la capitale les principaux centres administratifs, et suivre dans leur tracé les grands courants de circulation commerciale et administrative consacrés par l'expérience. Les routes d'arrondissement devaient relier entre eux et aux chefs-lieux d'arrondissement les marchés les plus fréquentés et les postes militaires de tous ordres ; on pouvait dire que c'étaient « des voies d'échanges locaux et de concentration des produits de l'arrondissement sur les points d'où les voies principales de terre ou d'eau les transporteront aux arrondissements voisins ou aux ports d'exportation. »

Quant à compléter et à perfectionner le réseau actuel de la navigation intérieure qui comprend des voies naturelles et des voies artificielles, M. Thévenet faisait d'abord remarquer qu'aucun des canaux construits par les Annamites n'est propre à la navigation à vapeur, que presque tous ont le grave inconvénient d'avoir une section insuffisante et que, de plus, l'élévation partielle de leur fond, par suite de la formation des *dos d'âne*, était une gêne constante pour la circulation des bateaux. Il faut, disait-il, « les classer à très peu de chose près dans la catégorie de ces *rachs* naturels qui sillonnent le sol de la Cochinchine, en font un véritable échiquier et constitueraient en effet un merveilleux réseau de navigation, si la marée n'enlevait deux fois par jour l'eau qu'elle seule y apporte et ne transformait ce réseau, à mer basse, en une suite de bassins complètement isolés les uns des autres, ou séparés par des hauts fonds infranchissables pour des bateaux chargés, même de petite dimension, lesquels doivent attendre des heures durant que l'obstacle ait momentanément disparu ; en sorte que la navigation locale présente une sorte d'intermittence, une série d'arrêts obligatoires qui permettent de la comparer à une vaste horloge dont la marée serait le gigantesque balancier..... »

Il niait que le réseau des petites voies d'eau, complété par quelques canaux de main d'hommes, pût suffire à la circulation locale et à la concentration sur les différentes escales des grandes lignes, « des produits lentement et économiquement amenés par la batellerie annamite et chinoise ». Il le trouvait d'une insuffisance absolue. Il faisait remarquer « que là où, comme en Cochinchine, le jeu des marées fait marcher les rivières alternativement dans les deux sens, ce mouvement, dans quelque direction qu'il ait lieu, est une gêne permanente pour la moitié de la circulation et qu'il devient bien moins commode encore lorsque, s'exerçant par les deux extrémités de ces rivières sans source et à double embouchure qui se nomment les *arroyos* et les *rachs*, il amène au point de rencontre des flots ces exhaussements des fonds nommés *dos d'âne* où les bateaux ne trouvent plus de passage à basse mer. » Il n'admettait donc comme réellement utile pour l'avenir que la construction de quelques canaux à grande section pour servir à la navigation à vapeur et dans lesquels il fût possible d'établir une circulation d'eau suffisante pour les prémunir contre les relèvements progressifs du fond et la formation des dos d'âne.

Quant aux canaux et arroyos plus ou moins étroits où s'effectue, malgré l'envasement et les dos d'âne, une circulation de barques relativement considérable, ils devaient être l'objet d'un entretien mesuré d'après leur importance commerciale; « mais il ne faudra entrer dans cette voie qu'avec la plus grande réserve et après s'être assuré que cet entretien ne constituera pas un travail des Danaïdes où s'engloutiraient en pure perte les ressources de la colonie. Poursuivre en principe *l'enlèvement périodique des dos d'âne* est une utopie, en raison de la rapidité de leur formation..... On peut mettre à profit, sur certaines lignes, la lenteur progressive de la formation des dos d'âne, et réussir à enlever efficacement et économiquement les parties les plus élevées. »

D'un autre côté, M. l'Ingénieur en chef des Ponts et Chaussées Combier, chargé par le ministère de la marine et des colonies d'étudier le programme des travaux publics pour la Cochinchine dressé par M. Thévenet, disait : « C'est au point de vue *économique* qu'il faut se placer pour bien juger et pour choisir avec discernement entre les divers systèmes qui se disputent nos préférences.... Il faudra procéder de manière à tirer le meilleur parti possible des sacrifices à faire successivement, en suivant l'ordre d'urgence de chaque ouvrage prévu, et ici se pose la question de savoir s'il convient de commencer par achever et perfectionner le réseau des voies navigables avant d'entreprendre les voies de terre, ou s'il faut mener de front les deux œuvres, et dans quelle mesure faire la part de chacune d'elles. »

« ..... La colonie paiera les travaux, elle en recueillera les profits. C'est la balance des dépenses et des recettes directes et indirectes qu'il faudrait pouvoir faire : cette balance est difficile à établir, et le calcul des recettes, quand on veut n'en négliger aucune, laisse toujours une large place aux hypothèses..... »

M. Combier, après avoir déclaré que s'il n'avait aucun enthousiasme pour l'établissement des chemins de fer en Cochinchine, c'était simplement parce qu'*il trouvait l'outil disproportionné avec le travail qu'il lui serait donné de produire*, examinait ensuite rapidement quelles étaient les ressources actuelles et à venir du pays, et ajoutait : « En dehors des bois et des riz, il est difficile de signaler un produit qui puisse entrer pour une grosse part dans l'alimentation d'un trafic de chemin de fer. Or, les bois descendront toujours du nord par les fleuves sur lesquels ils peuvent flotter. Quant au riz, j'ai peine à comprendre quel intérêt il y a a en dépouiller les voies navigables, si tant est qu'il soit possible de les déposséder de ce trafic..... Est-il possible d'implanter la grande industrie dans un pays qui ne produit pour ainsi dire pas de matières premières à mettre en œuvre, qui, privé de houille et de chutes d'eau, ne saurait se procurer la force motrice ? »

Quant aux routes, « elles serviront au transport des matériaux pour les petites distances, pour la rentrée des récoltes, le transport des engrais de la ferme à la terre. Comme moyen de transport à grande distance, elles ne remplaceront jamais les voies navigables dont la nature a doté la Cochinchine. Elles rendront plus fréquentes les relations directes des Français avec les indigènes et favoriseront cette assimilation que l'on poursuit, mais qu'on ne saurait improviser. Il y faudra des générations; les mœurs résisteront à tout projet d'assimilation qui tentera de supprimer le temps. C'est parce que j'ai la conviction qu'un long temps est nécessaire et qu'il faut ménager jusqu'aux préjugés des peuples conquis, que je m'étonne de cette précipitation qui semble considérer comme un désastre un ajournement d'une année, quand cet ajournement peut nous assurer les moyens de faire un emploi plus judicieux et plus utile de nos ressources et nous préserver des erreurs reprochées à nos devanciers. »

En résumé, M. Combier reconnaissait que dans le projet de classement des routes de terre dressé par M. Thévenet, il en était quelques-unes d'urgentes, il admettait même la création d'une ligne ferrée de Saïgon à Mytho ; mais avant tout il insistait énergiquement pour qu'on s'occupât de suite du complément et du perfectionnement des voies navigables. « Il ne faut pas oublier, disait-il, que pour la création d'un réseau complet de voies navigables, la nature a fait en Cochinchine les dix-neuf vingtièmes du travail, qu'il ne s'agit que d'achever ce vingtième..... Les grandes voies navigables formées par les diverses branches du delta du Mé-Kong et pouvant porter des bateaux de toutes dimensions présentent un développement de 700 kilomètres dans la traversée de la colonie..... La rivière de *Saïgon*, le *Donnaï* et les deux *Vaïcos* concourant vers un estuaire commun, le *Soirap*, forment un second bassin distinct de celui du *Mé-kong*. Ces différents fleuves mesurent une longueur qui dépasse 500 kilomètres, en se bornant aux parties accessibles aux grands bâtiments..... De plus, ces deux bassins du Mé-Kong et du Soirap, aussi bien que les diverses branches fluviales qui les composent, sont reliés entre eux par des *rachs* naturels ou par des canaux creusés de main d'hommes. Ces voies secondaires sont d'une valeur moindre, parce qu'elles présentent des hauts fonds qu'on ne peut franchir à mer basse. Elles n'en rendent pas moins de très grands services puisque, en se laissant porter par le flot, on passe ces hauts fonds ou *dos d'âne* avec un tirant d'eau de 2 mètres. Ces rachs principaux sont à leur tour reliés entre eux par une foule d'arroyos de toutes dimensions en largeur et en profondeur qui assèchent à mer basse, mais qui n'en fournissent pas moins des voies de navigation intermittentes pour les bateaux de moindre importance. En un mot, on retrouve dans cet ensemble les voies coloniales, les voies d'arrondissement et celles de la petite vicinalité.

« M. Thévenet reproche à ces chemins qui marchent de contrarier ceux qui veulent aller en sens contraire du courant. Cela est vrai des rivières en général ; mais celles de la Cochinchine, qui changent le sens de leur marche deux fois par jour et qui fournissent à chaque marinier deux trains par jour dans chaque sens, méritent ce reproche moins que toutes autres....

» ... De ce qui précède, je crois pouvoir affirmer hardiment l'immense supériorité de la navigation sur tout autre système de locomotion en ce qui concerne le transport des marchandises. Qu'il y ait eu des sentiers tracés pour l'usage des piétons et des animaux domestiques, pour aller d'un centre de population à un autre, c'est ce qu'on trouvera partout où l'homme s'est établi ; mais ce n'est qu'à titre de rare exception qu'on peut compter de véritables routes dans un pays où les villages eux-mêmes sont sujets à être abandonnés pour de nouveaux bourgs construits sur d'autres points. La maison du paysan annamite est un meuble qu'il déplace ou remplace plus facilement qu'un pauvre paysan de France son modeste mobilier. Je ne crois donc pas m'aventurer en affirmant qu'il n'y eut jamais d'entreprise de roulage en Cochinchine et qu'il n'y en aura jamais.....

» Quant aux chemins de fer, je suis persuadé *qu'on ne les eût jamais inventés si tous les pays du monde ressemblaient à celui-ci;* je suis persuadé qu'ils n'enlèveront pas à la navigation le transport des marchandises, qu'ils feront à grand'peine leurs frais d'exploitation, s'ils les font, et qu'ils constitueront, partout où on les établira, une lourde charge pour la colonie.

» Non seulement les bateaux à vapeur, sans autres frais généraux que leur matériel de transport qui peut correspondre au matériel roulant des chemins de fer, sont en mesure de lutter avantageusement ; mais l'exploitation de ces chemins de fer aura à lutter contre les mœurs et les habitudes du peuple annamite tout entier. La colonie compte peut-être 60 ou 70 000 barques de toutes dimensions. Beaucoup sont occupées par *des familles entières qui n'ont pas d'autre habitation* et dont la vie se passe sur l'eau. On peut dire de ceux-là qu'ils transportent la marchandise, et notamment le riz, sans sortir de chez eux. »

Ces nombreuses citations montrent l'aspect particulier et fort intéressant qu'a pris en Cochinchine [1] la question si longtemps débattue dans tous les États d'Europe et d'Amérique de l'importance relative des canaux, routes et chemins de fer.

Le système qui a triomphé auprès de l'administration coloniale nous paraît être celui que M. l'Ingénieur Thévenet formulait dans

---

(1) La superficie de la Cochinchine française est d'environ 60 000 kilomètres carrés. Elle est située entre les 102° et 105° 11' de longitude Est, et 8° et 11° 30' de latitude Nord.

Elle occupe un vaste quadrilatère formé par la pointe la plus Sud de la presqu'île indo-chinoise. Elle comprend six provinces de l'ancien royaume d'Annam que les Indigènes désignent sous le nom de *pays de Gia-Dinh*. Elle est bornée à l'est par la mer de Chine, à l'ouest par le golfe de Siam, au nord-ouest par le royaume du Cambodge soumis à notre *protectorat* depuis 1863, au nord-est par d'immenses pays habités par diverses tribus de *Moïs* indépendants.

La population totale est d'environ 1 690 000 âmes, dont 1 500 000 Annamites et 2 000 Européens seulement. Le restant est composé de 105 000 Cambodgiens, 50 000 Chinois et enfin des Malais, des Malabars (Indiens), des Tagals (indigènes de Manille), et de quelques milliers de sauvages (Moïs, Chams, Stiengs), habitant les forêts qui séparent au Nord la Cochinchine du Laos et de l'Annam.

les termes suivants : « Les grands travaux d'utilité générale doivent précéder dans une juste mesure le développement de l'industrie et du commerce. C'est les faire dix ans, vingt ans trop tard, que d'attendre qu'ils soient justifiés par un rendement immédiat. »

Nous allons maintenant examiner les diverses voies de communication : routes, rivières et canaux, chemins de fer, en mentionnant d'abord ce qui existait avant la conquête et ce qui a été fait jusqu'en 1879, sous le régime des gouverneurs militaires. Nous analyserons ensuite le programme de construction et d'entretien des voies de communication qui a été dressé par l'Ingénieur en chef des Travaux publics de la Cochinchine en septembre 1880. Ce rapport, présenté au Conseil colonial, fut adopté dans son ensemble par la majorité, malgré une vive opposition de la part de la minorité qui lui reprochait de ne pas tenir assez de compte des voies navigables. C'est ce programme, modifié à Paris par le Conseil des Travaux du Ministère de la Marine, principalement en ce qui concernait les grands travaux projetés de chemins de fer et de canaux à large section, qui nous paraît avoir été suivi d'une façon générale en Cochinchine, dans ces dernières années ; bien que de nombreuses modifications de détail y aient déjà été apportées.

Du reste, les études techniques qui avaient servi à dresser le projet d'ensemble étaient fort incomplètes et manquaient en outre d'exactitude ; ce qui s'explique d'abord par le court laps de temps qui leur avait été consacré et ensuite par les difficultés spéciales que le climat oppose aux agents européens chargés des travaux de quelque importance à faire sur le terrain pour le levé de plans ou le nivellement.

Néanmoins, il nous semble que les projets de canaux, de chemins de fer, auraient pu être mieux étudiés, et qu'on se serait ainsi épargné de nombreux mécomptes dans l'exécution et les frais supplémentaires considérables qu'ont exigés les travaux entrepris.

Routes. — On retrouve encore en Cochinchine de nombreux vestiges de deux ou trois grandes routes, véritables voies stratégiques et administratives dont les rois d'Annam avaient doté ce pays. On a même, en plusieurs points, emprunté les tracés et utilisé les vestiges de ces anciennes voies pour le nouveau réseau des routes coloniales.

Quant aux routes locales, leur importance était très faible, puisque tous les transports se faisaient par les arroyos et, par suite, leur entretien était fort négligé. Cependant, il est à remarquer que, dans son rapport, M. l'Ingénieur Thévenet s'attache à démontrer que les Annamites ont fait des efforts persévérants pour construire des routes et pour leur faire franchir par des ponts les arroyos qui étaient, dit-il, « un obstacle permanent à leurs relations locales. » Il ajoute : « On soupçonne à peine quel immense réseau de routes de terre ont été ainsi ouvertes, et les gens de bonne foi sont bien forcés de reconnaître que le réseau vicinal de Cochinchine est fait, que toutes les régions cultivées sont sillonnées de chemins dont plusieurs font honneur aux autorités locales qui les ont ordonnés, et qu'il ne manque à ce réseau qu'un entretien méthodique et une dotation régulière. Toutes ces routes franchissent des arroyos de petite largeur, et c'est par milliers qu'il faut compter les passerelles plus ou moins primitives qui relient entre eux les villages et les hameaux ; quelques-unes de ces routes locales sont munies de véritables ponts carrossables, jetés parfois sur des rachs de plus de 80 mètres de largeur, et constituent des routes d'arrondissement qui ne réclament qu'un empierrement plus ferme et une surveillance plus uniforme. Si nous avions nous-mêmes, dès le début de la conquête, attaché aux routes existantes l'intérêt qu'elles comportent, nous aurions entretenu et amélioré rapidement l'œuvre raisonnée des rois d'Annam, l'œuvre instinctive des populations locales, et le service des travaux publics, en prenant charge de la voirie territoriale de l'intérieur, n'aurait pas eu à constater la ruine actuelle ou imminente de plus de cinq cents ponts d'un débouché supérieur à cinq mètres.

« Le réseau des routes n'est donc pas d'invention nouvelle. Coupées par des fleuves qu'on croyait infranchissables ou par des arroyos sur lesquels on ne savait jeter que des ponts primitifs et instables, dépourvues d'empierrement, mal entretenues, détrempées par des pluies incessantes et envahies par une surabondante végétation, les routes n'ont pu garder qu'une circulation de personnes incommode et pénible; les produits ont suivi, malgré les imperfections qu'elle présente et les arrêts forcés qu'elle comporte, la seule voie qui leur restât, celle des arroyos.

» Ce que les Annamites ne pouvaient pas faire, nous pouvons et nous devons l'accomplir. Ce que nous demandons, c'est qu'on ouvre ce réseau que l'Européen ignore parce que les portes lui en ont été certainement fermées ; c'est qu'on lui donne la continuité qui le rendra accessible par tous les points, dans toutes les directions, qui transformera du jour au lendemain ces chemins d'îlots en routes d'arrondissements et en routes coloniales, et qui en décuplera, par ce fait seul, l'utilité et le trafic. »

La dépense du réseau de routes projeté était ainsi établie :

Routes coloniales : longueur totale 939 kilom. à 15 000 francs	14.085.000 francs.
Routes d'arrondissement : longueur totale 2049 kilom. à 13 000 francs	26.637.000 —
Dépense du réseau	40.712.000 francs.

La route coloniale de Saïgon à Mytho qui, en 1880, était déjà en voie d'exécution, avait servi de base pour fixer le chiffre de la dépense kilométrique moyenne, applicable à l'ensemble du réseau, en raison de l'uniformité des conditions où devaient s'exécuter ces travaux. Cette dépense se décomposait ainsi :

Terrassements et indemnités diverses	5.700 francs.
Empierrement.	4.800 —
Ponts et aqueducs	3.600 —
Dépenses diverses	900 —
Total par kilomètre. . . .	15.000 francs.

Les routes coloniales devaient avoir une largeur normale de 7 mètres dont 3 pour la chaussée empierrée et 4 pour les accotements avec plantation d'arbres (fig. 1); tandis que les routes d'arrondissement n'avaient qu'une largeur de 5 mètres dont 3 pour la chaussée empierrée et 2 pour les accotements (fig. 2).

Le tableau de classement des routes avait été arrêté provisoirement par une Commission d'enquête, sous réserve des modifications ultérieures qu'une étude plus approfondie devait amener. « Il importe avant tout, disait l'Ingénieur en chef des Travaux publics, de fixer les points principaux à desservir, de déterminer la direction générale des voies nouvelles, étant bien entendu que leur assiette définitive devra résulter d'études techniques qui seront opérées successivement dans l'ordre de priorité qui sera dicté au Conseil (colonial) par l'importance relative des intérêts en jeu. Ce premier classement a, du reste, une importance capitale au point de vue de la consistance *domaniale* des voies terrestres; il fixe d'ores et déjà les routes à incorporer dans le domaine public, consacre l'imprescriptibilité du sol des voies déjà ouvertes et met un terme à des empiétements dont le rachat pourrait devenir un jour fort onéreux pour la colonie ».

La création complète du réseau des routes et ponts, non compris quelques ouvrages d'art d'une importance exceptionnelle, devait comporter une dépense totale de 53 millions et être exécutée dans l'espace de dix années.

Les routes coloniales décrétées sont au nombre de 9, savoir :

1° De Saïgon à Tay-ninh........ Longueur	97	kilom.
2° De Saïgon au Cap Saint-Jacques.. —	124	—
3° De Saïgon à Soctrang....... —	213	—
4° De Saïgon à Hatien........ —	335	—
5° De Thu-Duc à Thu-daumot.... —	21	—
6° Du point A à Long-Thanh..... —	24	—
7° De Vinh-long à Travinh...... —	40	—
8° De Vinh-long à Cantho ...... —	28	—
9° De Long-xuyen à Rach-giâ.... —	57	—
Total........	939	kilom.

Les routes d'arrondissement sont réparties de la manière suivante entre les quatre circonscriptions dans lesquelles se divise la Cochinchine, au point de vue du service des travaux publics :

Circonscription de Saïgon.............	672	kilom.
— de Mytho............	480	—
— de Vinh-long...........	458	—
— de Banac............	439	—
Total......	2.049	kilom.

La plupart des routes coloniales sont commencées, quelques-unes ont des sections complètement terminées. Parmi les sections actuellement en cours d'exécution nous citerons : celle de Saïgon à Baria et celle de Mytho à Caibé. (Voir la carte générale des voies de communication en Cochinchine (pl. I).

Les matériaux d'empierrement sont rares et difficiles à se procurer dans les districts de l'Ouest. Dans ceux de l'Est, on se sert de la *pierre de Bien-Hoâ* (oxyde hydraté ferrugineux) qu'on trouve en assez grande abondance dans des carrières dont l'importance croît tous les jours.

Le service ordinaire d'entretien est fait par des cantonniers annamites dont le principal outil est une faucille leur servant à couper les herbes qui croissent très rapidement sur les accotements et même sur la chaussée empierrée. Il n'est pas rare de voir une route dont l'entretien a été délaissé pendant deux ou trois ans, entièrement recouverte d'herbes atteignant un mètre de hauteur.

Ces routes sont certainement appelées à rendre de grands services dans un avenir peu éloigné; mais nous devons constater que jusqu'ici le transport des voyageurs se fait presque exclusivement, surtout pour les districts de l'Ouest et du Sud, par des bateaux circulant sur les nombreux rachs et arroyos qui sillonnent le pays. Le *service postal* entre Saïgon, les chefs-lieux d'arrondissement et certains centres importants de l'intérieur est fait par les bateaux des *Messageries fluviales*, dont nous parlerons plus loin.

Trois diligences desservent les chefs-lieux des districts de l'Est : Tay-ninh, Bien-hoâ, Thu-daumot. Le *tram* (voiture de poste) est installé à peu près partout; sur certains points il vient en aide aux courriers par bateaux à vapeur. L'installation de ces *trams* a beaucoup facilité les relations avec des centres de population autrefois délaissés.

Les *trams* desservent chaque jour : la *ligne du Cap* (Saïgon, Bienhoâ, Baria, le cap Saint-Jacques); la *ligne de Thu-daumot* (Saïgon, Thu-daumot); la *ligne de Gocong et Mytho* (Saïgon, Cholon, Gocong, Mytho); tous les deux jours, la *ligne de Saïgon à Tay-ninh*. Des *voitures*

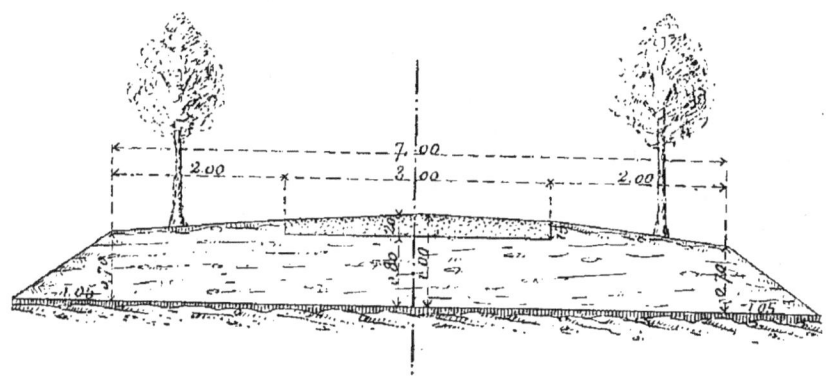

Fig. 1. — Routes coloniales.

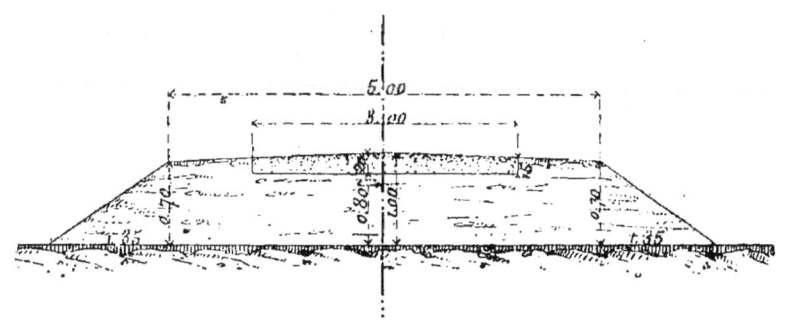

Fig. 2. — Routes d'arrondissement.

Types de voies de communication en Cochinchine.

publiques desservent trois fois par semaine : la *ligne de Soctrang à Bac-lieu*; quatre fois par semaine : la *ligne de Long-xuyen à Rach-giâ*; la *ligne de Chaudoc à Hatien*; enfin quelques autres lignes telles que celles de *Dai-ngaî à Soctrang* et de *Travinh* sont aussi desservies par des voitures publiques partant à des heures irrégulières, mais en concordance avec l'arrivée et le départ de chaque bateau.

Nous n'avons pu trouver de statistique donnant le relevé exact des voyageurs ayant circulé sur ces lignes dans ces dernières années. D'après ce que nous avons pu voir sur place, en 1883, le nombre des voyageurs nous a paru fort minime, et encore se composait-il essentiellement de *fonctionnaires* se rendant d'une résidence à une autre. Cela n'a, du reste, rien d'étonnant, lorsqu'on remarque qu'il n'y a que quelques rares établissements isolés dans l'intérieur, créés par les Français. « L'occupation militaire et administrative est complète, l'occupation colonisatrice est à peu près nulle. » Il y a quelques fonctionnaires dans chaque chef-lieu d'arrondissement, mais pas un colon pour ainsi dire. Quant aux indigènes, lorsqu'ils ne peuvent pas aller en *sampan*, c'est-à-dire en bateau, ils voyagent à pied ; seuls, quelques chefs annamites vont à cheval. En dehors des Européens, on rencontre seulement quelques commerçants Chinois dans les *trams* et voitures publiques.

En outre des routes coloniales et d'arrondissement, dont la construction et l'entretien sont payés par le budget des Travaux publics de la colonie, il y a dans chaque *Arrondissement* ou *Inspection* (c'est une division administrative qui correspond plus ou moins à celle du département en France) des *routes vicinales* dont la construction et l'entretien ne relèvent nullement du service des travaux publics (1) dont la direction est à Saïgon.

Ces routes dont l'importance croît chaque jour à mesure que le commerce local se développe dans l'intérieur de notre colonie, relient le chef-lieu d'Inspection aux points principaux de l'arrondissement : marchés, villages, pagodes, etc. (Il y a souvent en Cochinchine des *marchés* importants pour les Indigènes et où ils se rendent une ou deux fois par semaine pour leurs transactions commerciales ordinaires sans qu'aucun centre de population fixe se soit formé alentour). Elles sont construites et entretenues sur le budget particulier de l'arrondissement, dont les fonds sont votés chaque année par un Conseil d'arrondissement nommé au suffrage universel par les Annamites et présidé de droit par l'Inspecteur ou Administrateur des affaires indigènes qui est le fonctionnaire français représentant le gouvernement de la Colonie et administrant directement la région avec l'aide d'un préfet et d'employés annamites.

Ces routes vicinales sont en général bien construites et bien entretenues ; sauf en ce qui concerne les ouvrages d'art nécessaires pour la traversée des rachs et arroyos qui sont souvent en mauvais état ou manquent complètement. Cependant dans ces dernières années, cet état de choses s'est déjà amélioré, grâce à l'adoption d'un type bien conçu de pont métallique (que nous décrirons plus loin), dont l'emploi se généralise de plus en plus dans notre colonie.

---

(1) Le service des Travaux publics, créé par un arrêté du 26 janvier 1864, comprend deux sections distinctes : celle des *Ponts et Chaussées* et celle des *Bâtiments civils*. Il s'était principalement occupé, dans l'origine, de l'installation des bâtiments nécessaires aux diverses Administrations à Saïgon et des travaux d'art à faire sur les routes aux abords de la capitale. Les travaux exécutés dans les *Inspections* ou arrondissements étaient dirigés directement par les Administrateurs, sans intervention du service des travaux publics.

Le 18 août 1870, un arrêté du premier gouverneur civil porte réorganisation du service des Travaux publics sous la direction d'un *Ingénieur en chef*, assisté d'un Ingénieur ordinaire, chef de la section des Ponts et Chaussées et d'un Architecte, chef de la section des Bâtiments civils.

De plus, à partir du mois d'octobre 1879, les travaux des Inspections, en ce qui concerne la grande voirie et les bâtiments civils, ont été placés sous la direction du service des Travaux publics.

Ponts. — Les anciens ponts annamites, ainsi que ceux qui avaient été faits aux premiers jours de la conquête dans les environs de Saïgon, étaient en bois, et tous se trouvaient dans un état de délabrement complet, lorsque le service des Ponts et Chaussées commença en 1879 à s'occuper sérieusement de leur réfection.

Le nombre des cours d'eau à franchir était considérable. Des études faites sur tout le parcours de la route de Saïgon à Hatien, sur une longueur de 335 kilomètres, donnaient une longueur de 700 mètres de ponts métalliques à prévoir, en dehors des grands ouvrages, soit plus de 2 mètres de longueur de pont par kilomètre de route.

Pour le passage des cours d'eau de moins de 50 à 60 mètres de largeur, M. Thévenet proposait de faire des ponts en bois (l'infrastructure et la charpente maîtresse du tablier étant construites en bois d'essence peu destructible, telle que le *teck*, le *vap*, le *go*; et le tablier courant en bois ordinaire) sur les *rachs* et *arroyos* de moins de 50 à 60 mètres de largeur, dont le prix moyen devait être de 400 francs le mètre courant. Au-dessus de 60 mètres, et jusqu'aux rivières dont la largeur n'excédait pas 400 à 500 mètres, on devait établir des ponts métalliques sur pieux à vis suffisamment élevés pour ne pas gêner la navigation, et dont le prix ne devait pas dépasser 1 500 francs le mètre courant.

Sur les fleuves les plus importants, dont la largeur dépassait notablement 500 mètres, et dont la profondeur d'eau était supérieure à 12 ou 15 mètres, on devait se contenter de l'établissement de bacs à vapeur pour piétons, voitures et trains de chemins de fer, permettant « de franchir ces grands obstacles avec une dépense relativement minime, sans imposer de trop longs arrêts à la circulation et sans apporter la moindre gêne à la navigation qui s'effectue sur ces grandes artères fluviales. »

Jusqu'ici on n'a encore exécuté comme grands ponts métalliques que ceux qu'on rencontre à la traversée des Vaïcos par la route avec voie ferrée de Saïgon à Mytho. Nous les décrirons plus loin avec quelques détails. Mentionnons aussi le *pont des Messageries*, construit en 1882, sur l'arroyo chinois, à Saïgon. Ce pont métallique en arc de cercle de 80 mètres de portée, reposant sur des culées en maçonnerie, est d'un bel aspect et d'une grande légèreté. Il relie à la ville l'hôtel de l'Agence des Messageries maritimes et les diverses constructions exécutées sur la rive droite de l'arroyo chinois. Il a été projeté et exécuté par la maison G. Eiffel, de Levallois-Perret.

Mais, en dehors des grands ouvrages d'art ou de ceux dont l'importance méritait un projet spécial dans chaque cas, il y avait lieu d'étudier les types généraux de ponts pour routes qui seraient le mieux appropriés au pays. Il ne fallait pas songer évidemment à faire des ponts en maçonnerie, à cause de la grande difficulté des fondations dans tous ces terrains vaseux, et du manque de hauteur pour franchir ces rachs et arroyos dont le terre-plein des berges s'élève à peine de quelques centimètres au-dessus du niveau des eaux. De plus, il importait de laisser le plus grand débouché possible à tous ces ouvrages, de façon à ne gêner en rien la circulation considérable des nombreuses barques indigènes qui transportent le riz et les autres produits du sol, du lieu de production aux principaux marchés.

Pour les fondations des ouvrages courants, sur les routes coloniales et d'arrondissement, on avait d'abord adopté un système de pieux métalliques avec vis en fonte pouvant s'enfoncer plus ou moins dans le terrain, suivant sa résistance. Le tablier était en bois et les travées avaient généralement 8 mètres de portée. C'est un grand inconvénient, car le bois s'use vite en Cochinchine. La largeur du pont est de 4 mètres. Ce type a été employé assez souvent, et on a construit aussi plusieurs ponts à travées métalliques de différents systèmes.

En 1881, le gouverneur de la Cochinchine, M. Le Myre de Vilers, avait signalé à divers constructeurs français l'importance qu'il y aurait à créer un type de pont métallique très simple, d'un transport et d'une mise en place faciles et dont on pourrait faire varier la portée, tout en le composant d'un petit nombre d'éléments semblables entre eux. Cette dernière condition était très importante à réaliser parce qu'elle permettait, en approvisionnant à l'avance en magasin, à Saïgon, un certain nombre d'*éléments constitutifs*, de diriger sur un point quelconque de la colonie, et pour ainsi dire du jour au lendemain, toutes les pièces nécessaires à la construction d'un pont dont la longueur pouvait varier dans de certaines limites (6 à 24 mètres par exemple), sans qu'il fût nécessaire de changer leurs dimensions.

De plus, ce type de pont devait être d'un poids très faible, de manière à ne pas nécessiter des supports solidement établis, et pouvant même, dans la plupart des cas, être posé simplement sur les berges des deux rives convenablement préparées.

Ce type a été réalisé par les *ponts saïgonnais à portées variables* du système G. Eiffel. Plus de 100 ponts de ce système, de 12 à 27 mètres d'ouverture, ont été déjà placés sur les routes vicinales des divers arrondissements de notre colonie.

L'idée principale de ce système de ponts consiste dans l'assemblage par juxtaposition d'un certain nombre d'éléments ayant la forme de triangles. Les éléments triangulaires ainsi appliqués ont par eux-mêmes une rigidité propre et une indéformabilité spéciale; de telle sorte qu'il devient possible de constituer, par leur réunion, un ensemble formant lui-même un système indéformable et doué de toute la rigidité désirable. L'assemblage se fait au moyen de simples boulons en aussi petit nombre que possible et faciles à poser par un manœuvre quelconque.

Nous donnons (fig. 3, 4, 5 et 6) les dessins d'un pont de 21 mètres. Il se compose de deux poutres à treillis, formant garde-corps, réunies à leur partie inférieure par des pièces de pont ou entretoises porteuses. Ces pièces de pont sont, à leur tour, reliées dans le sens de la longueur du pont par deux files de longerons en I écartés de 1^{m}50, et portant des fourrures en bois, sur lesquelles se clouent les madriers du plancher du pont. Enfin, un contreventement inférieur, dont les croix, en fers plats, règnent dans les intervalles existant entre deux pièces de pont consécutives, complète la structure du pont. Les extrémités des poutres sont formées par deux demi-éléments, munis d'une base assez large pour servir d'appui en reposant directement sur le sol ou sur une légère fondation.

Il n'entre jamais, dans la composition d'un de ces ponts, plus de *sept* espèces de pièces différentes, toutes très faciles à distinguer les unes des autres; ce qui en rend le montage extrêmement simple, puisqu'il n'y a pas besoin de consulter de plan pour reconnaître la position qu'elles doivent occuper.

Autrefois, quand on voulait construire un pont métallique sur une rivière quelconque de la colonie, il fallait s'adresser à la Métro-

Type d'un pont de 21 mètres d'ouverture, avec platelage en bois, appliqué sur les routes vicinales d'arrondissement, en Cochinchine. (Système G. EIFFEL.)

Fig. 3. — Elévation.
Echelle de 0.00766. p'm'

Fondation sur massif.

Fondation sur Sol naturel.

Portée: 21m00

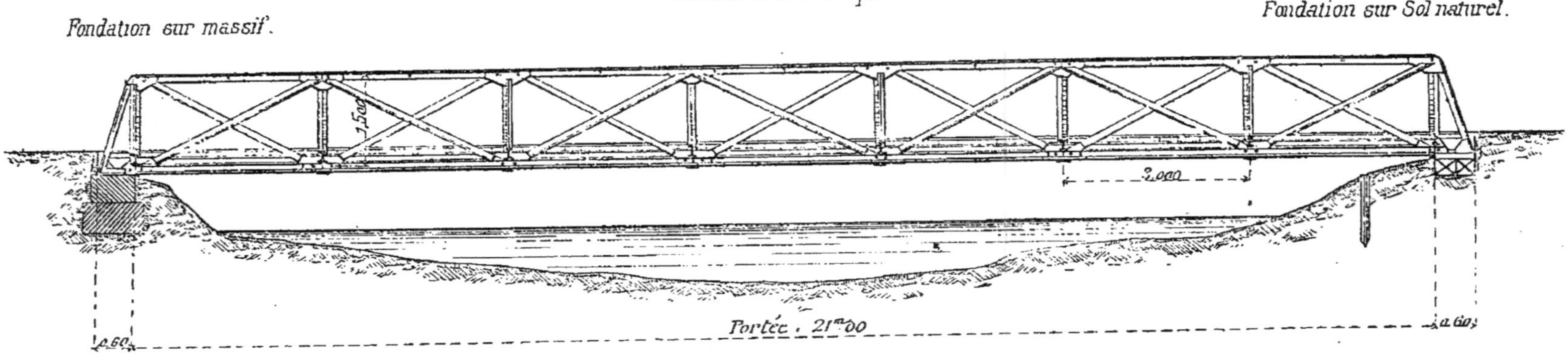

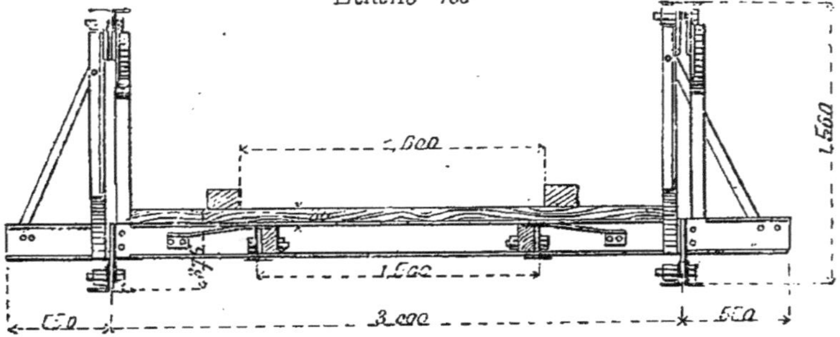

Fig. 4. — Coupe transversale avec platelage en bois.

Echelle 1/50

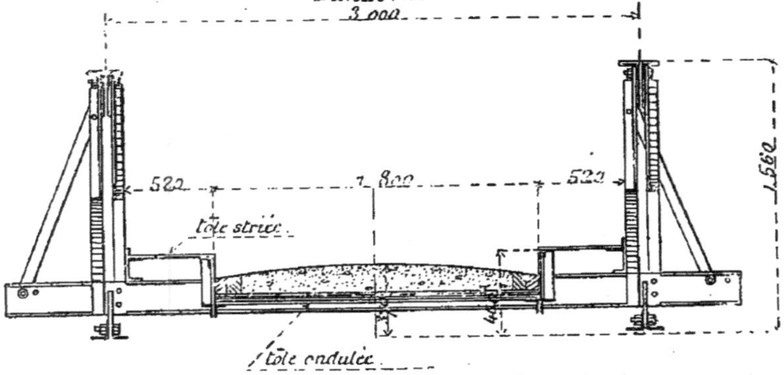

Fig. 5. — Coupe transversale avec chaussée empierrée.

Echelle 1/50

pole et, avant que les projets fussent approuvés, le marché signé, le pont construit, expédié et mis en place, il s'écoulait souvent plus d'une année. Aujourd'hui, quand un Administrateur décide la construction d'un pont dans son district, il s'adresse au gouvernement de la colonie et quelques jours après, le pont, prélevé sur l'approvisionnement central de Saïgon, est en place et peut être livré à la circulation.

En Cochinchine, on monte directement ces ponts dans leur position définitive au moyen d'un échafaudage très sommaire établi en quelques heures avec des bambous.

Nous avons eu occasion d'en voir placer quelques-uns dans le district de Cholon, en 1883, lors d'une tournée d'inspection que nous faisions dans la colonie, et nous avons été frappé de la rapidité avec

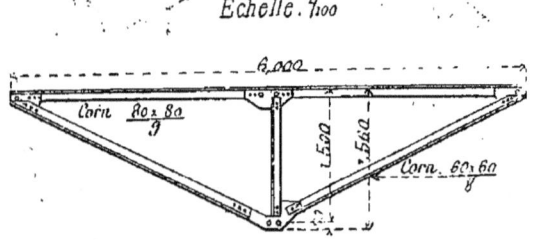

Fig. 6. — Type d'un élément de pont.

laquelle s'opérait la mise en place faite par un contre-maître européen assisté de deux ouvriers annamites et de quelques coolies chinois ou annamites recrutés dans les villages voisins.

La largeur de ces ponts est de 3 mètres. La voie charretière a $1^m 60$ ou $1^m 80$ et les trottoirs $0^m 60$ ou $0^m 70$ chacun. Les figures 4 et 5 représentent les deux types employés : 1° avec platelage en bois; 2° avec chaussée empierrée.

Le type avec platelage en bois a l'avantage d'être plus léger, et, par suite, plus économique pour la construction; mais il a l'inconvénient de demander un entretien continuel pour le remplacement des bois qui s'usent très rapidement en Cochinchine sous l'influence des agents atmosphériques.

Le type avec chaussée empierrée est plus lourd. La chaussée repose sur des tôles ondulées portées par les cornières inférieures des longerons; elle recouvre les pièces de pont et laisse aux longerons une saillie de $0^m 12$ environ servant de garde-roue. Les trottoirs sont en tôle striée de 4 millimètres d'épaisseur; ils sont portés d'un côté par les longerons et de l'autre par une cornière-bordure soutenue par des équerres placées au-dessus de chaque pièce de pont. Pour éviter que l'échauffement des tôles de trottoir, sous l'action du soleil brûlant de Cochinchine, ne soit par trop désagréable aux piétons (d'autant plus que les Annamites marchent toujours pieds nus), on fixe sur la tôle striée des planchettes de bois mince et suffisamment rapprochées.

En vue des transports et des manœuvres de mise en place, on a naturellement cherché à diminuer autant que possible le poids des éléments constitutifs de ces ponts et on a été ainsi conduit à employer l'acier au lieu du fer, ce qui permet de faire travailler les pièces à 12 kilogr. par millimètre carré de section nette, au lieu de 6 kilogr., auxquels on se limite habituellement pour le fer.

Le tableau ci-dessous donne la composition et le poids des ponts de 6 à 21 mètres de portée.

Désignation.	Poids d'une pièce.	Composition d'un pont de :					
		6 mèt.	9 mèt.	12 mèt.	15 mèt.	18 mèt.	21 mèt.
Eléments triangulaires	145k5	2	4	6	8	10	12
Tirants de 6 mètres...	74 »	2	4	6	8	10	12
Pièces de pont......	114.5	3	4	5	6	7	8
Longerons.......	64 »	4	6	8	10	12	14
Contrefiches......	7.6	6	8	10	12	14	16
Barres de contreventem^t.	14.8	4	6	8	10	12	14
Demi-éléments.....	114.6	4	4	4	4	4	4
Appuis.........	»	8	8	8	8	8	8
Boulons A.......	2.4	8	12	16	20	24	28
— B......	2.6	8	12	16	20	24	28
— C......	0.5	32	44	56	68	80	92
— D......	0.7	12	18	24	30	36	42
Poids total..	»	1,666^k	2,406^k	3,155^k	3,902^k	4,650^k	5,400^k

Comme on le voit, le poids le plus lourd, la ferme triangulaire, pèse 145 kilogr. et peut être facilement manœuvrée par 3 hommes. Les autres pièces peuvent être portées par 1 ou 2 hommes.

Ce type de pont a été calculé pour supporter avec la portée maxima de 21 mètres : soit une charge de 250 kilogr. par mètre carré, uniformément répartie sur un platelage de 3 mètres de largeur, soit des chariots de 4000 kilogr. traînés par 3 chevaux pesant chacun 500 kilogr. Des expériences qui ont été faites sur le pont de 21 mètres, en y faisant passer un char de 4 000 kilogr., ont donné un maximum de flèche de 16 millimètres et, après le passage de la charge, le pont est exactement revenu dans sa position primitive. Ainsi, malgré l'extrême légèreté de ce système de pont et son mode d'assemblage par boulons, sa rigidité est comparable à celle des ponts rivés.

Voies navigables. Rivières. Canaux. — Six grandes rivières ou fleuves traversent la Cochinchine, après avoir pris naissance en dehors de ses frontières, et se jettent dans la mer de Chine par une multitude de bras qui portent chacun un nom particulier et dont quelques-uns sont très importants.

En suivant la carte de l'Est à l'Ouest, nous trouvons : le *Donnaï*, qui, à la hauteur de la rivière de Saïgon, prend le nom de *Soirap*, nom sous lequel il se jette à la mer, à 10 milles à l'ouest de la rivière de Saïgon ; la *rivière de Saïgon* qui, pendant 6 milles environ, confond ses eaux avec celles du *Soirap*, à la naissance de ce dernier, formant ensemble un large bassin au milieu duquel se trouve le banc de la Ville de Paris. Elle débouche à *Cangiou*, dans l'estuaire du cap Saint-Jacques ;

Le *grand Vaïco* ou *Vaïco oriental*, qui est un affluent du Soirap dans lequel il s'amorce non loin de son embouchure ;

Le *petit Vaïco* ou *Vaïco occidental*, qui est un affluent du précédent. Les deux *Vaïcos* se réunissent à 18 milles environ dans l'ouest du Soirap ;

Le *fleuve Antérieur*, qui est le principal bras du grand fleuve le *Mé-kong*, dont il a gardé le nom jusque près de Vinh-Long ; là, il sont se divise et se déverse dans la mer de Chine par six bouches qui sont de l'Est à l'Ouest: *Cua-Tien, Cua-Dai* (dont la réunion forme le bras de Mytho), *Cua-Belai, Cua-Ham-Long, Cua-Co-Chien, Cua-Cung-Han*.

Le *fleuve Postérieur* ou de *Bassac*, qui est un autre immense bras du Mé-kong; son embouchure est formée de trois branches, séparées entre elles par des bancs et appelées : *Cua-Dinh-An, Cua-Bassac, Cua-Tran-Dé*.

Outre ces grandes artères fluviales, qui coupent notre colonie en bandes bien distinctes et sur lesquelles se trouvent établis la plupart des grands centres commerciaux de la Cochinchine ; il existe un nombre infini d'arroyos plus ou moins larges, profonds, sinueux, qui relient entre eux certains des fleuves cités ci-dessus et qui, pénétrant jusqu'au centre des provinces, font communiquer les villages importants avec les principaux centres d'exportation. En outre des arroyos qui assurent les communications, il en existe encore une quantité d'autres qui contribuent à fertiliser les terres qu'ils arrosent (1).

Parmi les arroyos qui intéressent la navigation on peut citer, en allant de l'Est à l'Ouest :

Le rach *Go-Com* et le rach *Tran-Tran*, qui débouchent dans le rach *Tai*, lequel coupe une des branches du Donnaï. Les deux premiers se réunissent près du marché de Go-Com au rach *Chiet*, qui se jette dans la rivière de Saïgon légèrement au sud du point A. Ces rachs, excessivement tortueux, sont le passage de presque toutes les barques qui font le commerce entre Bien-Hoâ, Saïgon, Thu-daumot. Un vaste dos d'âne s'étend sur une longueur de plusieurs kilomètres de chaque côté de Go-Com. La seule partie profonde de cette voie est la portion du rach Chiet attenante à la rivière de Saïgon sur une longueur de 4 à 5 kilomètres.

L'*arroyo chinois*, qui, prolongé par le *Ben-Luc*, fait communiquer la rivière de Saïgon au grand Vaïco. Il est extrêmement fréquenté par les jonques chinoises qui amènent le riz de Cholon à Saïgon pour l'exportation. On le franchit à Saïgon par le Pont des Messageries que nous avons déjà cité.

Cet arroyo a trois dos d'âne qui sont à sec à marée basse et qui sont trop éloignés les uns des autres pour que les grandes jonques les franchissent en une seule marée, ce qui rend les communications longues et difficiles par cette voie; néanmoins, comme il est très fréquenté, il y aurait utilité immédiate à l'améliorer en draguant les dos d'âne.

Le rach *Cat*, très large et gardant au moins, dans son parcours jusqu'au rach *Tom*, 4 mètres aux plus basses mers, relie le *Ben-Luc*, à 4 milles de Cholon, au Soirap, près du confluent de ce fleuve et du grand Vaïco, en passant par le marché de *Can-Gioc*.

Le rach *Gocong*, étroit, sinueux et peu profond dans la première partie de son cours, met en communication Gocong (2) (marché très important par la quantité et la qualité de ses riz) avec le grand Vaïco par l'intermédiaire du rach *La* ;

Le rach *La* ou rach *Song-Tra*, large et profond jusqu'au rach *Xa-Hoï*, baigne une vaste plaine qui est également arrosée, du côté de Mytho, par le rach *Ka-Hon* ou rach de *Cho-Gao* ;

---

(1) Voir la Carte générale des voies de communication en Cochinchine (pl. I).

(2) *Gocong* est le chef-lieu d'un arrondissement où se cultive la première qualité de riz de la colonie, le *riz rond*, espèce recherchée pour la fabrication des riz de table et qui est exportée jusqu'en Europe. A 3 kilomètres de Gocong, se trouvent quelques anciens tombeaux très remarquables de la *famille royale d'Annam*.

Le rach *Bobo*, d'une profondeur de 2 à 4 mètres aux plus basses mers, relie entre eux le grand et le petit Vaico, et présente seulement un dos d'âne de 1 mille environ à la hauteur du marché de Binh-Thuan.

L'*arroyo de la Poste* qui est entravé pendant plus de 3 milles (le tiers de sa longueur environ) par un dos d'âne que les grandes jonques ne peuvent franchir qu'à marée haute, met en communication Tan-An et Mytho, c'est-à-dire le petit Vaïco et le fleuve Antérieur.

Le rach *Ba-Rai*, large et profond, conduit du fleuve Antérieur au marché de Cai-Lai;

Le rach *Cai-Bé*, praticable seulement pour les petites jonques, relie le fleuve Antérieur au rach *Ba-Rai*.

Ces deux derniers rachs se continuent, après leur jonction, jusqu'au petit Vaïco par l'*arroyo commercial;*

Le rach *Bentré* relie les marchés de l'intérieur de la province de Bentré au chef-lieu, puis ce dernier au *Ham-Long*, l'un des bras du fleuve Antérieur; il a une largeur de 75 mètres et une profondeur minimum de 5 mètres jusqu'au rach *Set-Say*, un de ses affluents.

De nombreux rachs et arroyos sillonnent une partie de la province de Bentré, désignée sous le nom d'île de Mocai, formée par deux bras du Mékong (le Ham-Long et le Co-Chien). Quelques-uns de ces arroyos coupent complètement cette île et donnent accès aux plus grandes jonques qui se rendent de la province de Travinh à Mytho.

Les rachs qui relient le *fleuve Antérieur* proprement dit et le *Co-Chien* au *fleuve Postérieur*, sont en assez grand nombre; nous citerons :

Le *Mang-Thit* qui est un des plus profonds et des plus beaux rachs cochinchinois : il débouche vis-à-vis de la pointe de *Culao-Daï*, passe par Baké et se continue dans l'ouest sous le nom de rach *Baké*, pour rejoindre le rach *Traon;*

Le rach *Traon*, d'une largeur moyenne de 30 mètres (de son embouchure au rach *Bapho*), ne présente pas dans cette partie de sonde inférieure à 2 mètres aux plus basses mers; il se jette dans le *Bassac* au marché de Traon en face de *Culao-Mai*. Son cours étant peu sinueux, la navigation y est facile.

Le rach *Long-Ho* qui se continue par le rach *Caï-Caï*, relie Vinh-Long à Baké. A partir de Vinh-Long ([1]), le Long-Ho est navigable pendant 4 milles pour les canonnières (largeur minimum 40 mètres, profondeur minimum 4^{m}50); mais de *Nag-Tu* à *Baké*, les petites barques peuvent passer.

Le rach *Nha-Man* tombe dans la passe Est de *Sadec* et va s'amorcer au rach *Caï-Vom*, qui aboutit au Bassac vis-à-vis de la pointe Ouest de Calao-Maï. Ces deux rachs forment une voie très fréquentée par les barques de toutes dimensions qui, à marée haute, trouvent assez d'eau pour franchir la partie médiane.

Le rach *Sadec*, d'une profondeur minimum de 4 mètres, reçoit les eaux de deux arroyos (le Lai-Vung et le Lop-Vo), puis débouche

---

([1]) *Vinh-Long* est situé à la jonction des quatre bras du grand fleuve le Mékong, à 25 milles en amont de Mytho. Son marché est très important par sa position de passage et aussi comme centre d'une province de grande production rizière. C'est un marché de commerce intérieur qui se fait entre Chinois et indigènes et pour lequel malheureusement il n'y a pas de statistique. Le riz de Vinh-Long est d'une espèce commune, il est petit, long, irrégulier.

à Sadec dans le Mé-Kong par deux ponts que forme l'île Phuong-Nga.

Le rach *Ong-Chuong* est une traverse large et profonde qui court à peu près N.-S., et qui aboutit dans le Mé-Kong à la pointe Sud de Culao-Taï, puis dans le Bassac à quelques milles de Long-Xuyen.

Le *Vam-No*, vaste coupure perpendiculaire aux deux fleuves Antérieur et Postérieur, qu'il relie à l'endroit le plus resserré de leur cours ;

Enfin, dans l'extrême Ouest, les arroyos navigables qui relient les marchés de la contrée au Bassac sont : le rach d'*Omon* ; le rach *Cantho*, large et profond ; le rach *Day-Naï*, étroit et peu profond qui réunit les marchés de Bac-Lieu (pour le sel) et de Bay-Xao (pour le riz) à Soctrang et au Bassac.

On peut résumer ces renseignements (1) en disant que Saïgon se trouve réuni par des voies navigables, plus ou moins directes et plus ou moins accessibles aux divers bateaux, aux chefs-lieux d'arrondissement suivants :

	Longueur en kilomèt.
Saïgon à Baria	94,4
Saïgon à Bien-Hoa (1re voie)	46,4
— (2e voie) fréquentée par les canonnières et les jonques qui ont un tirant d'eau supérieur à 1m 45	52,3
Saïgon à Thudaumot	44,5
Saïgon à Gocong (1re voie) par la rivière de Saïgon, le Soirap, le grand Vaïco, le rach La et le rach Gocong	101,0
— (2e voie)	76,3
— (3e voie) par le rach Ben-Luc, le grand Vaïco, le rach La et le rach Gocong	83,7
Saïgon à Tan-An (1re voie), essentiellement commerciale, par le rach Ben-Luc, le grand Vaïco, le rach Bobo, le petit Vaïco	59,6
— (2e voie), longue et peu suivie, par le rach Ben-Luc et les deux Vaïcos	92,5
— (3e voie), par la rivière de Saïgon, le Soirap et les deux Vaïcos. C'est la seule voie que puissent prendre les canonnières partant de Saïgon	126,6
Saïgon à Mytho (1re voie), commerciale, par le rach Ben-Luc, le grand Vaïco, le rach Bobo, le petit Vaïco et l'arroyo de la Poste	87,8
— (2e voie), longue et incommode, par la rivière de Saïgon, le Soirap, le grand Vaïco, le rach La, le canal de Cho-Gao, le rach Ka-Hon, le bras de Mytho	123,6
Saïgon à Bentré (1re voie), commerciale	141,4
— (2e voie), praticable pour les canonnières, à mer haute seulement	149,4
Saïgon à Travinh (1re voie)	169,3
— (2e voie)	205,1
Saïgon à Vinh-Long (1re voie)	134,9
— (2e voie)	179,2
Saïgon à Sadec (1re voie)	156,3
— (2e voie)	193,5
— (3e voie)	145,8
Saïgon à Cantho (1re voie)	195,6
— (2e voie)	242,7
Saïgon à Long-Xuyen (1re voie) praticable aux canonnières, seulement à l'époque des plus hautes eaux	206,3
— (2e voie)	281,9

(1) Ces renseignements sont empruntés aux Notices coloniales, publiées à l'occasion de l'Exposition universelle d'Anvers, en 1885, par le ministère de la marine et des colonies.

	Longueur en kilomèt.
Saïgon à Soctrang (1re voie)	253,0
— (2e voie)	258,5
Saïgon à Chaudoc (1re voie)	263,7
— (2e voie)	293,5

Enfin, mentionnons aussi que Rach-Gia (¹) est relié à Long-Xuyen par une voie formée du rach *Thu-Tao* et du canal de *Rach-Giâ*, dont le parcours réuni est de 70^{kil}4 et que Hatien est relié à Chaudoc par le canal d'Hatien de 75 kilomètres de longueur.

Parmi ces rachs ou canaux, les uns sont naturels, les autres artificiels, c'est-à-dire creusés par la main de l'homme. Les moyens qui ont été employés par les Annamites afin de mettre en communication les nombreuses rivières qui traversent la Cochinchine ainsi que pour assurer le batelage le plus direct pour le transport des denrées commerciales ou alimentaires, et en particulier du riz, se réduisent en réalité à deux catégories distinctes : ou bien un canal a été ouvert entre deux fleuves, ou bien on a ajouté à un affluent de l'un d'eux, une embouchure dans le second. Le jeu puissant et continu des marées a rendu ces deux systèmes défectueux, en produisant à bref délai, dans ces canaux, la formation de dos d'âne qui entravent la circulation.

Depuis l'époque de la conquête jusqu'en 1875, l'Administration française se préoccupa peu des voies navigables en Cochinchine. Celles qui existaient paraissaient suffisantes pour les besoins du moment, puisque les riz de l'intérieur arrivaient en assez grande quantité à Saïgon pour ne faire éprouver aucun retard à l'exportation. C'est à peine si elle songea à entretenir les voies de communication principales, dont quelques-unes devenaient cependant chaque année d'un accès de plus en plus difficile.

En 1871, une Commission avait bien été nommée à l'effet de déterminer quels étaient les cours d'eau navigables de la Cochinchine où il serait nécessaire d'exécuter des travaux d'amélioration dans le but de faciliter la navigation au double point de vue stratégique et commercial. Dans son rapport, la Commission déclara qu'il était urgent de faire disparaître le banc de Choquan (d'une longueur de 1500 mètres) dans l'arroyo chinois, de creuser le Ben-Luc, le rach Bobo et l'arroyo de la Poste ; mais aucun travail ne fut entrepris.

En 1875, le gouverneur de la Cochinchine nomma une Commission permanente, chargée d'améliorer et de compléter le réseau des communications entre Saïgon et les principaux marchés de l'Ouest.

Cette Commission trouva les voies de navigation intérieure en mauvais état, constata que les dos d'âne s'étaient agrandis, que certains arroyos s'étaient envasés d'une manière inquiétante et qu'il y avait lieu de commencer le plus tôt possible des travaux de creusement sur la voie si importante de Saïgon, Cholon, Mytho.

Une Sous-Commission se transporta sur les lieux, procéda à l'étude des travaux à faire dans l'arroyo chinois et le Ben-Luc, fit voter par la Commission les fonds nécessaires, commanda les corvées. Mais

---

(1) *Rach-Gia* est situé sur le golfe de Siam, dans une baie envasée et ensablée ; c'est un port impraticable aux grands navires et fréquenté seulement par les jonques et les barques indigènes. Il est le centre d'un cabotage assez actif avec Singapore, Siam, le Cambodge et l'Annam. Les exportations consistent en riz, nattes pour voiles, sacs de paille, poisson sec, poisson en saumure, et surtout en porcs vivants à destination de Singapore.

on était déjà dans la saison des pluies (qui commence en juin) ; les travaux à peine commencés furent forcément interrompus et l'opération remise au mois d'octobre suivant. Le dragage fait à main d'hommes coûta fort cher et ne donna que de très mauvais résultats ; car, deux mois après, les dos d'âne étaient reformés. Depuis lors, on n'a jamais repris ce travail qui est de première nécessité pour améliorer la grande voie commerciale de Saïgon à Mytho (2).

La Commission de 1875 prit comme plan d'ensemble des canaux stratégiques ou commerciaux à créer pour relier la capitale aux provinces de l'ouest, la réunion du Bassac (Soctrang et Cantho) à Saïgon.

On commença à s'occuper d'abord du tronçon ouest de cette voie. Devait-on relier Soctrang et Cantho à Sadec en canalisant les parties du rach *Caï-Vom* et du rach *Nha-Man* qui sont impraticables à certaines marées pour les grandes jonques ? Ou bien était-il préférable d'utiliser les rachs *Traon*, *Baké* et *Muong-Thit* pour relier Soctrang et Cantho à Vinh-Long et Mytho ?

Au point de vue commercial, la première solution était la meilleure ; mais, au point de vue stratégique, la seconde parut préférable et fut adoptée pour l'exécution. Dès juin 1875, on se décidait pour le creusement d'un canal allant en ligne droite du rach *Bapho* (dans le rach Traon) au rach *Ta-Luoc* (dans le rach Ba-ké), sur une longueur de 6 kilomètres. Mais il fallut attendre jusque vers la fin de la saison sèche suivante, en mars 1876, pour commencer les travaux qui furent terminés dès le 25 avril. On y avait employé 6 000 ouvriers ; les déblais s'élevaient à 250 000 mètres cubes, le prix de revient était de 150 000 francs.

La largeur supérieure de ce canal est de 20 mètres, sa largeur au plafond, de 10 mètres, sa profondeur, de 3 mètres ; et, de plus, au milieu de son parcours, se trouvait une gare de 35 mètres de largeur sur une longueur de 60 mètres.

On s'aperçut bientôt que la largeur était insuffisante et on y a creusé, dernièrement, trois gares complémentaires de 50 mètres de longueur. Sauf son amorce du côté du rach Ba-ké, faite au milieu d'un coude qui rend difficile l'entrée ou la sortie, d'autant que deux bancs, de formation récente, encadrent cette bouche du canal ; il semble que ce canal du Traon a été tracé dans de bonnes conditions au point de vue des marées, car c'est un des rares canaux dépourvus de dos d'âne.

En 1876, la même Commission fit étudier un projet de canal reliant *Gocong* au rach *Ka-Hon*, c'est-à-dire à *Mytho*.

Ce canal devait pouvoir donner passage aux canonnières à toute heure de marée. On décida qu'il aurait 4 mètres de profondeur, 30 mètres de largeur en gueule et 10 mètres au plafond et qu'il réunirait le rach *Ka-Hoï*, affluent du rach *La*, au rach *Ka-Hon*. Les recherches des points d'amorce ainsi que le tracé du canal furent très pénibles au milieu de cette plaine inondée et inconnue des Européens. De plus, quelques erreurs commises dans l'exécution rendent les manœuvres d'entrée ou de sortie difficiles du côté du rach Ka-Hon.

---

(2) *Mytho*, chef-lieu de l'arrondissement de ce nom, est un centre très important, au point de vue politique aussi bien qu'au point de vue commercial. Il est situé sur la rive gauche du bras septentrional du Mékong, à l'endroit où débouche l'arroyo de la Poste, à 23 milles de la mer. Il possède une citadelle importante et compte environ 6 000 habitants. C'est le point de passage ou de relâche d'une grande partie du commerce de la Cochinchine.

Ce canal, appelé canal de *Cho-Gao*, n'en est pas moins le plus important des travaux de ce genre que nous ayons encore fait en Cochinchine. Il a 11 266 mètres de longueur, sa capacité est de 900 000 mètres cubes, le prix de revient est de 600 000 francs. Le travail a été exécuté en *deux mois*, par *40 000 ouvriers*, fournis par les trois arrondissements de Mytho, Gocong et Tan-An. Malheureusement, il s'y est formé assez rapidement un dos d'âne d'une assez grande étendue, et les canonnières sont obligées aujourd'hui, d'attendre que la marée soit tout à fait haute pour le franchir.

Vers la fin de 1877, la Commission décida que les travaux continueraient en 1878 par le creusement :

1° Du canal *Set-Say* destiné à relier le rach Set-Say (affluent du rach Bentré) au Ba-Lai :

2° Du canal *Phu-Tuc*, prolongement du précédent, reliant directement le Ba-Lai au Cua-Dai et traversant l'île Phu-Tuc ;

3° Du canal réunissant le rach Cat au grand Vaïco ;

4° Du canal de Soctrang reliant le rach Ba-Xuyen au confluent du rach Soctrang et du rach Ditho qui passe à Bay-Xao.

Nous avons réuni dans le tableau suivant les divers renseignements donnés sur ces canaux dans les *Notices coloniales* que nous avons déjà citées.

Désignation	Largeur supérieure	Largeur au plafond	Profondeur	Longueur	Prix de revient
	mèt.	mèt.	mèt.	mèt.	francs
Canal Set-Say [1]. . .	20	8	3	2.000	50.000
Canal Phu-Tuc [2] . .	20	8	3	4.000	58.000
Canal du grand Vaïco au rach Cat [3]. . .	30	10	4	1.900	74.516
Canal de Soctrang [4] (1re partie)	21	8	4	3.500	117.500
Canal de Soctrang [5] (2e partie).	21	8	3	4.000	120.000

On peut dire d'une manière générale que ces canaux ont été assez mal exécutés ; ils sont tous trop étroits et trop peu profonds pour constituer une voie maritime et commerciale de quelque importance, où devraient pouvoir passer facilement les canonnières.

Le canal Phu-Tuc s'ensable de plus en plus, et il serait nécessaire de maintenir ses berges par des palissades en bambous qui seraient une garantie sérieuse contre les petits éboulements.

Le canal de Soctrang n'a pas été terminé. Il reste environ 4 500 mètres à creuser.

Nous devons faire observer, au sujet du prix des canaux, que les chiffres que nous avons donnés ne représentent pas du tout la *valeur réelle* du travail exécuté. Il ne faut pas oublier en effet que tous ces travaux ont eu lieu au moyen de *corvées* imposées aux indigènes, auxquels l'administration militaire fixait arbitrairement (souvent à 0 fr. 50 c.) le salaire de la journée. Depuis l'inauguration du

---

(1) Exécuté en deux saisons.
(2) Quelques mois après le creusement, les berges sablonneuses s'étaient affaissées et avaient diminué de beaucoup sa profondeur.
(3) Exécuté en 1879.
(4) Cette partie (côté de Daynai) a été exécutée du 1er avril au 10 mai 1878.
(5) Exécuté du 20 mars au 20 avril 1879. — Les pluies, qui ont commencé de bonne heure cette année, ont produit des éboulements qui ont forcé de réduire la profondeur à 3 mètres au lieu de 4.

régime civil en Cochinchine, la corvée a été abolie de fait (sauf des cas exceptionnels) et il est évident que le prix de revient des canaux à exécuter maintenant sera bien supérieur (le double au moins) à celui des travaux cités plus haut.

De 1880 à 1883, le service des Travaux publics, sous l'impulsion du Gouvernement de la colonie, s'est beaucoup plus préoccupé de projeter un réseau complet de routes et de chemins de fer que d'entretenir en bon état les voies navigables existantes ou d'en créer de nouvelles.

Aussi, depuis 1880, n'a-t-on pour ainsi dire exécuté aucun travail nouveau de canalisation et les travaux de dragage et de curage pour l'entretien des rachs et arroyos ont même été négligés, faute sans doute d'un matériel de dragues suffisant et bien approprié aux besoins locaux.

Grands canaux. — Nous nous bornerons à exposer les projets de quelques canaux artificiels à grande section qui seraient destinés à la navigation à vapeur et qui pourraient, en particulier, être parcourus facilement par les bateaux à vapeur de la compagnie des Messageries fluviales de Cochinchine.

M. l'Ingénieur-hydrographe Renaud, chargé en 1879 d'une étude spéciale sur les voies navigables de la Basse-Cochinchine, s'était préoccupé essentiellement du difficile problème de construire des canaux où ne se formeraient pas de dos d'âne, et avait défini les conditions qui lui semblaient nécessaires pour cela.

Avant lui, dit M. Thévenet : « on semble n'avoir reconnu d'autre cause à la formation des dos d'âne que la rencontre, dans le parcours du canal, des flots entrés par ses deux embouchures dans des fleuves plus importants soumis au régime des marées. Partant de là, on croyait ne pouvoir éviter le dos d'âne qu'en cherchant à établir dans le trajet de ces deux flots une différence assez grande pour que leur rencontre eût lieu hors du canal, dans un fleuve ou un arroyo d'un débit propre, suffisant pour s'opposer à l'accumulation des dépôts. Cette condition heureusement n'est pas inéluctable; il n'est pas nécessaire que le flot et le jusant parcourent alternativement la longueur totale d'un canal pour que les dépôts ne puissent s'y former : il suffit que les deux flots, marchant à la rencontre l'un de l'autre, obéissent à l'appel d'un réservoir supérieur de capacité suffisante pour que, s'engouffrant simultanément dans ce réservoir, l'annulation de leurs vitesses respectives n'ait pas lieu dans le canal lui-même. »

Trois voies principales de grande navigation à vapeur pour l'intérieur de la colonie avaient été étudiées par M. Renaud.

1° *Canal du Cua-Tien.* — Destiné à relier le Vaïco au Cua-Tien, de façon à éviter aux grands bateaux à vapeur le passage par la mer, pour aller de Saïgon à Mytho, ce canal était d'une utilité tellement évidente qu'il n'avait rencontré aucune objection de principe; mais plusieurs projets furent présentés.

Nous avons déjà vu que la nécessité de faciliter aux embarcations indigènes et de permettre aux canonnières françaises le parcours de Saïgon à Mytho avait fait créer en 1876 le canal de Cho-Gao qui était, bientôt après, devenu tout à fait insuffisant. Il fallait y suppléer et créer dans cette direction un large canal. M. l'Ingénieur en chef des Ponts et Chaussées Combier disait dans son rapport du 8 janvier 1881 sur les canaux : « J'ai déjà signalé les deux bassins de la grande navigation fluviale dans la colonie. Le premier, celui du *Soirap*, comprend le Donnaï, la rivière de Saïgon et les deux Vaïcos ; le second comprend les différentes branches du *Mékong*. Les grands bateaux à vapeur, notamment ceux de la Compagnie des Messageries de la Cochinchine, peuvent parcourir 500 kilomètres sans sortir du premier bassin, et beaucoup plus dans le second en remontant vers le Cambodge, mais ils ne peuvent passer de l'un dans l'autre que par la mer. Les bateaux d'un tirant d'eau supérieur à 2 mètres ne peuvent ni à marée basse, ni à marée haute, passer de l'un dans l'autre que par cette voie et ceux qui ne sont pas construits pour résister à un coup de mer sont nécessairement parqués dans le bassin où ils ont été construits. Aussi n'y en a-t-il guère : descendre jusqu'à la mer par la rivière de Saïgon au Soirap et remonter par les bouches du Mékong est une opération qui n'est pas toujours sans danger et qui n'est possible qu'au moment de la pleine mer. Les alluvions du grand fleuve forment une barre qui s'étend loin de la terre ; il faut tourner ces bancs en avançant au large et revenir en suivant un chenal assez peu sûr, sans compter que la mer y est très dure. Il était donc naturel que l'Administration se préoccupât de la construction d'un canal à grande section, praticable aux bâtiments d'un fort tirant d'eau, afin d'arriver à la suppression de cet emprunt fait à la voie maritime. »

L'avant-projet du canal du Cua-Tien proposé par M. Renaud fut vivement critiqué par la Chambre de Commerce de Saïgon qui faisait trois objections principales à son tracé : 1° Il ne pourra être fréquenté par les jonques à cause des lames du Cua-Tien ; 2° il débouchera trop loin de Mytho ; 3° il sera bien plus long que le canal de Cho-Gao, qu'il suffirait d'élargir et d'approfondir afin de changer le régime des courants et d'éviter le dos d'âne.

Dans une réponse très détaillée, que sa longueur nous empêche de reproduire, M. Renaud démontrait que toute solution utilisant le canal de Cho-Gao était inacceptable au point de vue hydrographique, parce qu'on était exposé à la formation de dos d'âne. Quant à l'inconvénient de ne pouvoir servir aux jonques chinoises ou aux sampans annamites, c'était un reproche sans gravité puisqu'on conservait le canal de Cho-Gao qui pouvait toujours leur servir et que, par suite, on aurait deux voies pour aller de Saïgon à Mytho : l'une pour les bateaux à vapeur d'un fort tirant d'eau et l'autre pour les barques de moindre importance.

Le Conseil colonial avait enfin adopté le projet de ce canal qui devait être le type des voies navigables à grande section. Il comportait un profil de 60 mètres d'ouverture en gueule, de 36 mètres au plafond et $7^m 50$ de profondeur, sur une longueur de 16 700 mètres. Le cube total des déblais devait être de 5 500 000 mètres cubes, et la dépense était évaluée de la manière suivante :

5 500 000 mèt. cubes de déblais à 0 fr. 80 c. . . . Fr.	4.400.000
Régalage des chemins et routes de halage	50.000
Indemnités de terrains (approximativement 160 hectares)	25.000
Travaux divers et imprévus.	325.000
TOTAL.	4.800.000

soit, par kilomètre, $\dfrac{4\,800\,000}{16\,700} = 287\,400$ francs.

Les travaux n'ont pas encore été commencés.

2° *Canal d'Hatien*. — La voie navigable, la plus importante qui ait été artificiellement créée en Cochinchine par les anciens rois d'Annam, est le *canal d'Hatien* ou de *Vinh-Té* (¹) qui relie le grand fleuve du Bassac au golfe de Siam, par l'intermédiaire du rach *Gieng-tanh*. Sa longueur est de 72 kilomètres.

Le projet de modification de ce canal consistait à agrandir sa section en portant à 30 mètres sa largeur au plafond, à le débarrasser des hautes herbes qui l'encombrent et à lui assurer sur toute sa longueur et en toute saison, un tirant d'eau minimum de 3 mètres. C'était là un travail considérable, sous son apparence modeste, et la dépense était ainsi évaluée :

2 923 000 mètres cubes de vase à 0 fr. 60 c	1.753.800
3 107 000 mètres cubes d'argile à 1 franc	3.107.000
Régalage des chemins de halage	150.000
Somme à valoir pour divers et imprévus	339.200
TOTAL	5.350.000

A cette somme, il conviendrait d'ajouter les dépenses nécessaires pour améliorer le port d'Hatien (²) qui est fermé aux navires de grand tonnage par une barre littorale, ne gardant à haute mer qu'un brassiage de 2^{m}20 à 2^{m}40. Le projet présenté au Conseil colonial comportait, d'une part, la fixation du chenal dans la baie intérieure par des endiguements destinés à diriger le cours du *Gieng-tanh*; et d'autre part, l'approfondissement de la barre par l'établissement de deux jetées parallèles, extérieures, conduisant jusque sur les hauts fonds la chasse produite au jusant par le déversement de la baie intérieure. On aurait ainsi porté à 3 mètres, en basses eaux, la passe du port, moyennant une dépense de plus d'un million.

3° *Canal de Mytho au Bassac*. — Le troisième grand canal projeté est destiné à relier directement Mytho au fleuve du Bassac et devrait se composer de trois parties distinctes, dont une seule, celle comprise entre le *Bassac* et le *Co-Chien*, a été acceptée par la Commission d'enquête. Les dépenses afférentes à cette partie du canal sont évaluées à 5 100 000 fr., soit, pour une longueur de 41 kilomètres, une dépense de $\dfrac{5\,100\,000}{41} = 124\,390$ francs par kilomètre.

Mais les études sont assez incomplètes et l'utilité même de ce travail est fort contestée ; aussi la solution à intervenir est-elle encore en suspens.

L'adoption nécessaire de la grande section pour les voies navigables artificielles de grande importance ne doit pas impliquer l'abandon des voies plus étroites, et on a prévu au budget des travaux publics de la colonie une somme annuelle de 250 000 fr. pour le dragage des dos d'âne des canaux ou arroyos qui, malgré un entretien presque nul depuis longtemps, rendent néanmoins de si grands services à la batellerie indigène. Il s'agirait, par des dra-

---

(1) Il a été exécuté, de janvier à avril 1820, par 10 500 ouvriers, dont 5 000 cambodgiens, soit, au maximum, 1 260 000 journées d'ouvriers.

(2) *Hatien* est situé sur le golfe de Siam, à l'extrémité nord-ouest de la côte Cochinchinoise, à la frontière du Cambodge. C'est un port peu profond, défendu par des récifs et des bancs de vase, praticable seulement pour les jonques. Le poivre est la plus riche production du pays environnant, presque la seule ; cependant on exporte aussi des porcs vivants, des nattes à voile, de la soie, des poissons secs.

gages sagement aménagés, d'assurer 2 mètres d'eau à toute haute mer, aussi bien à celles de morte eau qu'à celles de vive eau ; ce qui, à la rigueur, serait suffisant même pour le passage des canonnières dans ces arroyos à dos d'âne.

Le procédé préconisé pour ces dragages est le suivant :

« Un dos d'âne de 1^m50 de hauteur ne se forme pas immédiatement. Une année ou deux suffisent à en constituer la masse principale et à créer, par exemple, un haut fond de 1 mètre ; puis, l'épaisseur de la lame d'eau qui dépasse la vase étant ainsi diminuée, les dépôts suivent la même progression et leur surélévation de 0^m50 exigera peut-être deux ou trois années. Dans ces conditions, un entretien normal est possible ; on écrêtera le dos d'âne sur un tiers de sa hauteur, ce qui ne correspondra guère, en moyenne, qu'au quart ou au cinquième de son volume total, et ce travail une fois terminé, la navigation sera sensiblement améliorée pour une ou deux années, ce qui permettra d'utiliser sur d'autres points le matériel de dragage. »

Le prix du mètre cube de vase à extraire à ces faibles profondeurs est évalué à 0 fr. 60 c.

« Parmi les dragages à prévoir, nous devons placer en première ligne celui des hauts fonds improprement appelés *Banc de corail* (1), dans la rivière de Saïgon, constitués non par des roches, mais par des couches argilo-ferrugineuses résistant à l'action du courant, mais attaquables par les godets d'une drague. » Le volume de déblais à enlever serait d'environ 70 000 mètres cubes, et la dépense approximative de 200 000 francs.

Le transport des marchandises et même des voyageurs se fait, en Cochinchine, ainsi que nous l'avons déjà dit, principalement par les voies d'eau. En ce qui concerne le riz qui est le grand commerce de l'intérieur et qui donne lieu aux transports les plus nombreux, voici comment les choses se passent :

Tous les principaux villages sont sur des cours d'eau que la marée rend navigables à toutes les barques deux fois par jour. « Les propriétaires de rizières apportent leur récolte au village, la plupart du temps en petits bateaux, et là, les petits lots se chargent dans des barques plus grandes qui vont vendre leur chargement soit au chef-lieu voisin, soit à Cholon même. Cette concentration des produits se fait de différentes manières : ou bien c'est le propriétaire qui a ses barques ou qui en loue dans son village pour envoyer sa récolte ; ou bien des bateaux de Cholon vont prendre dans l'intérieur du riz acheté d'avance aux propriétaires ; ou bien les mêmes bateaux partent à l'aventure et vont acheter leur charge en cueillette pour la rapporter au grand entrepôt.

« Les Messageries fluviales, qui desservent tous les marchés de Cochinchine, prennent leur part de ce trafic, mais seulement pour les produits chers ; leur itinéraire et leurs heures d'escale ne leur permettant pas de se mettre à la disposition du produit dans d'aussi bonnes conditions que la barque ; elles entraînent des transbordements répétés que le riz, produit extrêmement bon marché et en-

---

(1) Ce banc est une véritable barre naturelle ou artificielle (la question n'a pas encore été tranchée) qui ne permet pas aux navires d'un trop fort tonnage (comme les paquebots de la Compagnie des Messageries maritimes, par exemple) de passer à marée basse. Cette barre, située vers le milieu de la distance entre le cap Saint-Jacques et Saïgon, est le seul obstacle de la rivière ; elle est signalée sur chacune des rives par des balises.

combrant ne saurait supporter, elles prennent plutôt les peaux, les gommes, les poissons secs, les déchets de soie ; elles apportent surtout les produits du Cambodge. Tous ces mouvements ont *Cholon* pour centre. Les barques de l'intérieur y arrivent et vont de porte en porte, offrir, vendre et livrer leur chargement. Le commerce y est fait, pour la plus grande part, par les Chinois qui y manipulent et préparent les produits pour l'exportation (1). »

La Compagnie des Messageries fluviales, dont le trafic va se développant tous les jours, a un service accéléré de transports pour les marchandises et les voyageurs. Ses bateaux à vapeur bien aménagés, sont fréquentés à la fois par les Européens et par les Asiatiques indigènes ou étrangers. Elle dessert les lignes suivantes :

Ligne de l'Est. — De Saïgon au cap Saint-Jacques et à Baria; un départ, aller et retour, par semaine. De Saïgon pour Gocong, Benluc, rach Trambang et Tayninh, un voyage, aller et retour, par semaine.

Ligne de l'Ouest. — De Saïgon à Mytho, trois fois par semaine.

Départ de Mytho pour Vinh-long, Sadec, Culao-Gien, Chaudoc, Long-xuyen, Cantho, Soctrang et Chaudoc; trois fois par semaine avec retour à Saïgon.

Départ de Vinh-long pour Caisuc, Bentré, Travinh et Vungliem, trois fois par semaine avec retour à Vinh-long.

Ligne du Cambodge. — De Saïgon à Mytho, Vinh-long, Sadec, Chaudoc, Benguy, Kathom et *Pnom-Penh*; deux fois par semaine, aller et retour. Le trajet dure 32 à 34 heures.

Par cette ligne, les relations sont faciles entre la capitale du Cambodge et la Cochinchine. C'est, du reste, la seule voie de communication qui existe entre ces deux pays.

Les Messageries fluviales font le service des postes et sont subventionnées sur le budget de la colonie. Elles desservent aussi deux lignes importantes dans le Cambodge, savoir: la *ligne du grand fleuve* ou *Mékong* allant de Pnom-Penh à Peam-Chenang, Krétié et Sambock ; aller et retour une fois par semaine ; et *la ligne de Battambang*, de Pnom-Penh à Compong-Chuang, Pursat, Siem-Reap (entrée de Angkor) et Battambang ; aller et retour une fois par semaine.

Chemins de fer. — Nous avons déjà vu que deux opinions bien tranchées s'étaient trouvées en présence, au sujet de l'établissement des chemins de fer en Cochinchine. Le Conseil colonial, le Gouverneur, l'Ingénieur en chef des travaux publics, la population française essentiellement composée de fonctionnaires, s'étaient montrés partisans enthousiastes des voies ferrées et demandaient la construction immédiate d'un chemin de fer de Saïgon au Cambodge, ou tout au moins du premier tronçon de cette voie comprise entre Saïgon et Vinh-Long, sur une longueur de 150 kilomètres environ. D'autres, en petit nombre, et particulièrement M. l'Ingénieur en chef des Ponts et Chaussées Combier, regardaient les voies ferrées comme des travaux de luxe pour ce pays et demandaient qu'avant de se lancer dans de pareils travaux dont la dépense ne leur paraissait pas justifiée par les services qu'ils pourraient rendre au commerce et à l'industrie, on s'occupât sérieusement de l'amélioration des voies navigables. « C'est à titre de travaux de luxe

---

(1) *Notices coloniales*, publiées en 1885 par le Ministère de la marine et des colonies.

que j'avais cru pouvoir préconiser, de vive voix, l'essai d'un chemin de fer de Saïgon à Mytho. J'espérais que cette transaction rallierait les esprits. M. le Gouverneur semblait partager cette opinion, par une autre raison que moi. Il espérait sans doute, en engageant la question, rendre le prolongement du chemin de fer nécessaire ; je comptais que cet essai dégoûterait de la fantaisie de le poursuivre plus loin (1). »

Le premier projet d'un chemin de fer qui relierait *Saïgon à Pnom-Penh*, capitale du Cambodge, en passant par Tayninh, date de 1874.

« La facilité des communications dans le nord de la colonie, l'existence d'une route de 100 kilomètres, sans obstacle sérieux, entre Saïgon et Tayninh, devaient naturellement diriger les recherches vers le Nord. » On connaissait fort peu alors la région comprise entre la frontière nord de Cochinchine (au delà de Tayninh) et Pnom-Penh, et ce fut seulement en 1880, qu'à la suite d'une reconnaissance effectuée dans cette direction, on reconnut la possibilité de l'établissement d'une voie ferrée. Mais sur les bords du Mékong, entre Péam-Pkai-Mérech et Loveaem, sur un parcours de 90 kilomètres, on aurait rencontré de grandes difficultés : « La hauteur moyenne des eaux débordées, dit la Commission, oblige à tenir les rails à 1 mètre au moins au-dessus des terres environnantes ; mais, tandis que dans la première partie du parcours la présence de l'eau à la surface du sol n'est due qu'aux pluies torrentielles de l'été, et que, par suite, il ne règne dans le bassin inondé aucun courant assez rapide et assez violent pour dégrader et enlever la voie, il faut, sur les bords du Mékong, protéger la ligne ferrée contre les mouvements impétueux de la masse des eaux entraînées par le fleuve. Une chaussée, quelque résistance qu'elle puisse opposer, ne saurait, à la longue, soutenir des efforts aussi puissants et aussi continus, malgré toutes les issues qui pourraient en atténuer les effets. Nous croyons qu'il sera nécessaire de recourir à la construction sur pilotis, et de maintenir la ligne à 40 ou 50 mètres au moins de la rive. Cette dernière devrait même être consolidée, afin de prévenir les déchirures que provoqueraient les eaux du fleuve. »

Ce tracé présentait, en outre, le grave inconvénient d'être complètement en dehors de la zone commerciale de notre colonie ; il ne pouvait guère se défendre qu'en invoquant son importance politique pour l'avenir. Il fut abandonné pour le tracé passant par Mytho, Vinh-Long, Sadec, Long-Xuyen et Chaudoc. « Là est véritablement la vie commerciale de la colonie, là est le tracé rationnel, logique, d'une voie de transport perfectionnée. (2) »

Le projet de M. l'ingénieur Thévenet comprenait une première section de Saïgon à Vinh-Long, avec embranchement sur Traon, et une seconde section de Vinh-long à Pnom-Penh. Il fut approuvé par le Conseil colonial, qui, votant la construction immédiate de la partie comprise entre Saïgon et Vinh-long, ajournant la construction de toutes les autres lignes, décidait que l'entreprise ferait l'objet d'une *concession directe* et non d'une adjudication, et, enfin, donnait mandat à l'Administration locale pour traiter avec une maison française donnant des garanties suffisantes.

Mais pour les travaux dont l'exécution comporte, comme ceux des chemins de fer, une garantie pécuniaire, les résolutions du Conseil

---

(1) Rapport de M. Combier. — Saïgon, 30 janvier 1881.
(2) Rapport de M. Thévenet.

colonial sont subordonnées à l'assentiment du pouvoir métropolitain, et le Ministre de la marine peut ordonner de surseoir à l'exécution des décisions de ce Conseil pour les travaux dont les projets lui paraîtraient devoir nécessiter un complément d'études. Or, le Conseil des travaux de la marine, en octobre 1881, après avoir examiné la question et entendu l'avis du Gouverneur de la colonie, qui avait exposé les considérations suivantes : « Mytho étant le centre d'une contrée fertile qui, sur une étendue de 8 à 10 000 kilomètres carrés, renferme une population d'une extrême densité, et étant le point où converge toute la navigation fluviale du Mékong, il paraît rationnel, dans l'intérêt du commerce et dans celui de notre domination, de relier par des voies de communication rapides cette ville à Saïgon, qui est la capitale et le seul port maritime de la colonie. Il y aurait donc lieu de construire cette ligne, alors même que ses produits ne seraient pas rémunérateurs. En décidant le prolongement de cette ligne jusqu'à Vinh-Long, le Conseil colonial a voulu surtout affirmer, par un commencement d'exécution, la grande idée de l'extension de la voie ferrée par Pnom-Penh vers le Laos et les sources du fleuve Rouge, » concluait à l'ajournement de la concession pour la partie comprise entre Mytho et Vinhlong, et approuvait seulement l'établissement d'une voie ferrée de Saïgon à Mytho. Il faisait remarquer « qu'alors même qu'il aurait été reconnu qu'il est utile et nécessaire, dans l'intérêt de la colonie, que Saïgon soit relié à la partie supérieure du Mékong par une voie ferrée, il resterait encore à rechercher quelle serait la meilleure direction à donner à cette voie de pénétration vers le Cambodge et le Yunnan, et cette question ne peut être résolue que par des études comparatives des diverses directions susceptibles d'être adoptées; études qui n'ont pas été faites, ou du moins ne l'ont été que par des reconnaissances trop rapides et trop sommaires pour fournir, particulièrement au point de vue technique, des éléments suffisants d'appréciation. »

Pour la section de Saïgon à Mytho, la question est tout autre, disait-il. « Les conditions techniques de son exécution sont définies par son profil en long, et les projets des ouvrages d'art les plus importants de son parcours, notamment ceux des *ponts des Vaïcos*, sont joints au dossier. Ces ouvrages, qui sont en cours d'exécution, seront probablement terminés à la fin de 1881 ou dans les premiers mois de 1882. Les autres travaux se poursuivent par les soins du service des Ponts et Chaussées de la colonie, en sorte que, pour cette section, le concessionnaire n'aurait finalement à sa charge, avec l'exploitation de la ligne, que les travaux d'établissement de la voie, les gares et stations, et le matériel d'exploitation, c'est-à-dire des travaux dont la nature ne comporte, pour ainsi dire, ni études sur le terrain, ni dépenses qui ne puissent être exactement prévues et évaluées à l'avance. Il s'agirait donc, en définitive, pour cette section, de la concession d'un *chemin de fer sur route* dont la longueur serait relativement restreinte (70 kilomètres), et dont les dépenses de premier établissement ne dépasseraient certainement pas la somme de 3 500 000 francs.

» Dans de telles conditions, la concession au moyen d'un concours ouvert, sur un cahier des charges et une convention dont toutes les clauses auraient été déterminées à l'avance, serait sans aucun inconvénient et préférable, au point de vue des intérêts de la colonie, à un traité direct, sous la réserve, bien entendu, de n'appeler à ce concours que des soumissionnaires ayant fait preuve de capacité et d'expérience, et présentant de sérieuses garanties de solvabilité. On y ajouterait, au besoin, l'obligation de remplir toutes conditions de nationalité que l'on croirait utile d'exiger. »

Une commission spéciale instituée par décision ministérielle du 30 juin 1881, pour recevoir les demandes et examiner les titres des concurrents à la concession et à l'exploitation du chemin de fer à construire entre Saïgon et Mytho, se réunit le 8 août suivant et l'adjudication fut faite au profit de M. Joret, Ingénieur-constructeur, agissant au nom d'une Société anonyme. Cette concession ne devait être définitive qu'après ratification par les autorités de la colonie. Aussi, le 18 août 1881, une convention intervenait entre le Gouverneur de la Cochinchine et M. Joret, par laquelle ce dernier s'engageait à exécuter le chemin de fer ci-dessus; et en outre à constituer, dans un délai de trois mois après la date de l'approbation de la Convention, une Compagnie pour la construction et l'exploitation de cette ligne. *La durée de la concession était fixée à 99 ans.* De plus, le Gouverneur garantissait, au nom du Conseil colonial, pendant la durée de la concession, par kilomètre exploité de la ligne de Saïgon à Mytho, un revenu minimum net annuel de 3 852 fr. 50 c. lequel représente 5 fr. 75 c. par cent francs de capital de premier établissement, évalué à forfait à 67 000 francs. La Compagnie était tenue de constituer, pour l'exécution des premiers travaux, l'achat du matériel et les approvisionnements, un capital-actions égal au moins à la moitié du montant des dépenses de premier établissement; et pour le surplus des dépenses elle était autorisée à émettre des obligations. Enfin, le Gouverneur de la colonie se réservait la faculté d'ouvrir un concours pour la concession de toute nouvelle ligne à établir dans le prolongement du chemin de fer de Saïgon à Mytho; mais un droit de préférence devait alors être accordé à la Compagnie concessionnaire de ce chemin de fer et la concession de la nouvelle ligne devait lui être réservée, à l'exclusion de tout autre concurrent, si elle jugeait à propos d'user de ce droit de préférence, aux conditions de la soumission reconnue la plus avantageuse pour la Colonie. De son côté, le concessionnaire s'engageait à construire et à exploiter, aux conditions de la présente convention et du cahier des charges qui y était annexé, *toutes les voies ferrées sur routes* que la colonie jugerait à propos de faire établir dans le prolongement de la ligne de Saïgon à Mytho, mais à la condition expresse que les routes sur lesquelles devraient être placées les nouvelles voies auraient été construites au préalable par la colonie, avec tous les ouvrages d'art à établir à la traversée des cours d'eau. Il était entendu que tous les matériaux de construction destinés à l'exécution des travaux, ainsi que tous les objets du matériel fixe roulant, seraient exemptés des frais de douane et d'octroi de mer.

Le service des Ponts et Chaussées de la colonie s'était occupé déjà de la construction de la route de Saïgon à Mytho et il résulte des marchés par adjudication passés avec divers entrepreneurs que les dépenses :

Avaient été en 1880 de	262.000 francs.
— en 1881 de	490.000 —
et devaient être en 1882 de	48.000 —
TOTAL	800.000 francs.

L'établissement de la plate-forme proprement dite du chemin de fer devait aussi être exécuté aux frais de la colonie.

Il fut arrêté qu'on établirait cette ligne à la *voie étroite* de 1 mètre de largeur, qu'elle suivrait autant que possible le tracé de la route existant déjà entre Saïgon et Mytho qu'elle devait même emprunter sur près de la moitié du trajet.

Les travaux de terrassement à exécuter se composaient de l'élargissement de la route actuelle (fig. 7) sur environ 31^{kil}5, et de rectifications (fig. 8) sur une longueur d'environ 38^{kil}5. Le cube total des remblais devrait être de 245 500 mètres.

Le prix du mètre cube de remblais, mis en place, toutes indemnités comprises, était de 1 fr. 60 c.

Les travaux d'art ordinaires comprenaient, outre les aqueducs, la construction de 16 petits ponts à travées métalliques, de 5 autres ponts ayant chacun 30 mètres d'ouverture, faisant ensemble environ 320 mètres de longueur. Ils étaient évalués à 1 500 francs le mètre courant.

Mais la route de Saïgon à Mytho rencontrait sur son parcours trois grands cours d'eau : l'arroyo de Ben-Luc, à Binh-Dien ; le Vaïco occidental, à Ben-Luc ; et le Vaïco oriental, à Tan-An. Elle devait les franchir au moyen de grands ponts métalliques. La dépense de construction de ces trois ponts avait d'abord été évaluée à 1 440 000 francs dans l'avant-projet et portée ensuite à 2 800 000 francs à la suite d'études nouvelles.

Enfin une des questions techniques les plus importantes à résoudre était le mode de construction des *rampes d'accès* à ces ponts, qui atteignaient des hauteurs de 6 mètres et de 10 mètres.

Le sol étant sans consistance et marécageux sur plusieurs centaines de mètres aux abords de ces cours d'eau ; devait-on faire des rampes en terre ou adopter des rampes métalliques ?

Le projet primitif comportait des rampes d'accès à 0^{m}015, toutes en terres prises dans les rizières voisines, et la dépense était ainsi évaluée :

1° Pont de Binh-Dien, 37 500 mètres cubes par rampe ou 75 000 mètres cubes pour les deux, à 4 francs le mètre cube. 300.000

2° Pont de Ben-Luc, 150 000 mètres cubes par rampe ou 300 000 mètres cubes pour les deux, à 5 francs le mètre cube 1.500.000

(Cette augmentation de 1 franc par mètre cube devant compenser le tassement occasionné par la plus grande hauteur des rampes.)

3° Pont de Tan-An ; rampes pareilles à celles du pont de Binh-Dien. 300.000

TOTAL. 2.100.000

Mais les rampes en terre argileuse laissant des doutes sur leur tenue, l'Administration, après de nombreux tâtonnements et de longues hésitations, se décida à mettre en adjudication la construction de ces rampes d'accès, en mentionnant que l'adjudicataire *serait libre* de proposer pour les rampes *une combinaison quelconque des trois solutions adoptées en principe* par le service des Travaux publics et qu'il aurait à indiquer uniquement les prix de base des matériaux employés dans le projet qu'il adopterait. Les trois solutions indiquées par l'Administration étaient :

1° Rampes en terre prise aux abords, avec talus à $^3/_2$, pour les

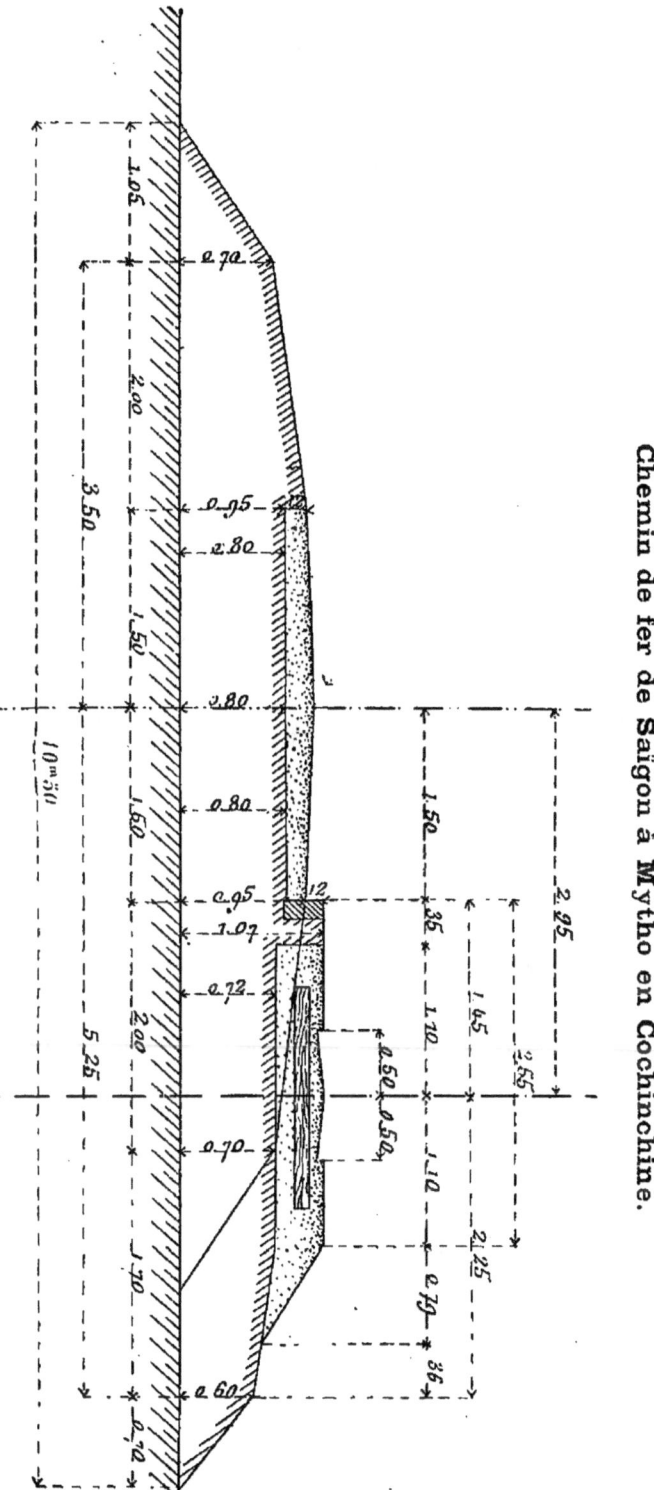

Fig. 7. — Profil transversal de la route coloniale avec la voie ferrée sur l'accotement.

Chemin de fer de Saïgon à Mytho en Cochinchine.

trois ponts, jusqu'à 4 mètres de hauteur, et rampes en sable des giongs les plus voisins, à la suite. (L'adjudicataire pourra présenter un prix spécial pour chaque pont et pour chaque mètre de hauteur des remblais.)

2° Rampes en terre jusqu'à 4 mètres de hauteur de remblai ; tabliers métalliques sur piliers en maçonnerie, à la suite des rampes en terre pour les trois ponts. Les fondations de ces piliers comprendront une couche de béton de 0^{m}60 d'épaisseur reposant sur des pieux moisés de 10 mètres de profondeur environ. Les ponts métalliques reposeront sur la maçonnerie de briques par l'in-

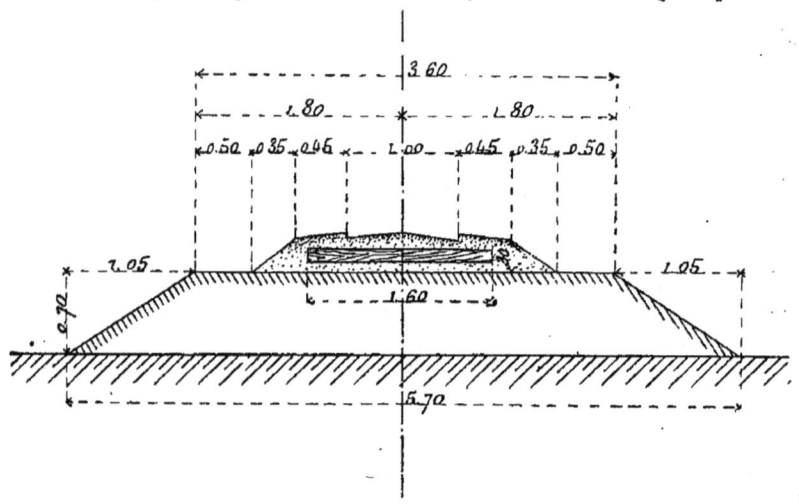

Fig. 8. — Profil transversal de la voie ferrée dans les déviations hors la route.

termédiaire de tablettes en granit d'environ 0^{m}45 d'épaisseur. Les piles seront espacées de 8 mètres d'axe en axe ; une pile de 4 mètres de hauteur cubant 24 mètres cubes et ce cube augmentant de 0^{mc}720 d'une pile à l'autre.

3° Rampes en terre jusqu'à 4 mètres de hauteur, et rampes entièrement métalliques à la suite. Tabliers semblables à ceux de la deuxième solution ; pieux à vis en fonte ou colonnes en fonte sur pieux en bois ordinaires ou à vis.

Dans sa séance du 6 janvier 1882, le Conseil colonial voulant pousser rapidement les travaux d'infrastructure de la ligne qu'il devait construire par ses propres moyens, décida « qu'il autorisait l'administration à chercher un entrepreneur qui se charge d'exécuter en *deux ans*, conformément aux projets à dresser par les Ingénieurs du service des Ponts et Chaussées et d'après la série des prix à arrêter par eux, tous les travaux d'infrastructure de la ligne de Saïgon à Mytho, autres que les grands ponts précédemment adjugés à M. Eiffel ; mais à la condition de n'être soldé des *trois millions*, montant de la dépense acceptée par le Conseil, que par des paiements échelonnés sur les trois exercices 1882-1883-1884. »

A la suite de ce vote, un marché à forfait était signé le 18 mars 1882 entre le Gouverneur et un entrepreneur général pour l'exécution de tous les travaux nécessaires à l'achèvement de l'infrastructure du chemin de fer, moins les trois grands ponts. Cet entrepreneur s'engageait à exécuter à ses risques et périls l'infrastructure moyennant le prix à forfait de *cinq cent mille piastres* ([1]), et les travaux devaient être entièrement terminés avant le 31 décembre 1883.

Cet entrepreneur a eu à exécuter les rampes d'accès. Elles ont été faites avec des terres argileuses prises aux environs des ponts pour la partie s'élevant jusqu'à près de 4 mètres de hauteur, puis en terres sablonneuses provenant des giongs les plus voisins. Mais à peine ces remblais ont-ils atteint en cours d'exécution quelques mètres de hauteur, que le sol, de nature molle et inconsistante, a fui sous leur poids et des tassements considérables ont eu lieu ; ce qu'il était, du reste, facile de prévoir. Le cube de terre employé pour faire ces remblais a été énorme et la durée d'exécution deux fois plus longue qu'on ne l'avait supposé. La ligne qui devait être terminée en 1883 n'a pu, à cause de ces rampes d'accès, être ouverte à l'exploitation que le 18 juillet 1885, et encore, avec un transbordement nécessité par la rampe d'accès du Ben-Luc qui est inachevée. De plus, la consolidation de ces remblais semble fort douteuse et nous pensons, suivant l'expression de M. Combier, qu'elle est destinée à donner de la tablature aux Ingénieurs de l'entretien. Il eût été préférable évidemment d'adopter des rampes métalliques et on sera probablement obligé d'arriver à cette solution pour la partie la plus haute de ces rampes ; c'est même ce qui se fait déjà au Ben-Luc.

La construction des trois grands ponts métalliques avait été confiée à la maison G. Eiffel, de Levallois-Perret, à la suite d'un *marché de gré à gré* intervenu le 12 mai 1880 avec le Gouverneur stipulant au nom de l'État. L'article principal de ce marché portait : « le prix du kilogramme de métal, mis en place définitive, toutes fournitures et main-d'œuvre comprises, est fixé à 1 fr. 04 pour les pieux à vis ; 0 fr. 68 pour tous les fers autres que ceux qui constituent les tiges de pieux à vis ; 0 fr. 51 pour la fonte. »

Le projet primitif portait que ces ponts à piles et à travées métalliques auraient respectivement entre culées les ouvertures suivantes :

1° Le pont de Binh-Dien sur l'arroyo de Ben-Luc, 62^{m}80 ;
2° Le pont du Vaïco oriental à Ben-Luc, 216 mètres ;
3° Le pont du Vaïco occidental à Tan-An, 324 mètres.

Le tablier devait être horizontal pour les trois ponts et la longueur des travées était uniformément fixée à 21^{m}60 d'axe en axe des piles métalliques qui devaient être constituées d'une palée de six pieux à vis, s'élevant jusqu'au niveau des hautes eaux, et d'une charpente métallique en tronc de pyramide dressée sur la tête de ces pieux et formant la pile apparente sur laquelle repose le pont. Les pieux à vis devaient avoir un diamètre de tige de 0^{m}25 et cette tige devait être constituée par un cylindre creux en tôle rivée de 0^{m}012 d'épaisseur. La rivure devait être effectuée sur un couvre-joint intérieur, de façon que les deux bords de la tôle, constituant la tige du pieu, fussent rapprochés sans saillie de l'un sur l'autre.

---

(1) La piastre mexicaine est la principale monnaie d'argent dont on se sert en Cochinchine ; c'est la seule qui ait le cours légal. Le budget de la colonie est établi en piastres, et tous les employés sont payés en cette monnaie. Seulement le cours officiel de la piastre est légèrement variable et s'est constamment abaissé depuis une dizaine d'années. Il était en 1876 de 5 fr. 35, il n'était plus en avril 1886 que de 4 fr. 30. Au commencement de chaque trimestre, un avis inséré par le Gouverneur au journal officiel de la colonie fixe, sur les propositions de la Chambre de commerce, le cours légal de la piastre pendant le trimestre suivant.

Construction du pont métallique de Binh-Dinh, sur la route de Ban-Fuo en Cochinchine (D'après une photographie). A travers le pays et à travers de mers et à travers de...

La vis devait être en fonte et son aile la plus large avoir un diamètre de 0^m80. Les pieux à vis devaient être arasés à 0^m50 au-dessus des plus hautes eaux, et réunis deux à deux à leurs têtes par des fers à T. En outre, un contreventement diagonal devait être établi entre les pieux d'une même palée, entre le niveau des hautes eaux et celui de l'étiage.

Mais de nombreuses modifications furent faites à ce projet. D'abord lorsque ces ponts durent servir au passage de la voie ferrée sur la route. et surtout en cours d'exécution, lorsqu'on se rendit bien compte de la difficulté des fondations sous une grande profondeur d'eau, alors qu'on n'avait à sa disposition aucune des ressources du matériel employé en France pour des travaux de ce genre.

Le pont de *Binh-Dien*, commencé le premier, a été construit avec 3 travées de 21^m60 et 4 travées de rive de 8^m10, soit une longueur totale de 97^m20. Les fondations ont été faites dans un terrain vaseux où les pieux à vis se sont enfoncés jusqu'à des profondeurs de 20 et 22 mètres. La hauteur de la partie inférieure du tablier au-dessus des hautes marées est de 6 mètres.

Les deux petites travées de rive de chaque côté ont dû être ajoutées parce qu'on reconnut, en cours d'exécution, que les extrémités des travées de 21^m60 se trouvant à l'aplomb des berges, il serait impossible d'exécuter la rampe dans ces conditions. De plus, la longueur de 22 mètres que la mauvaise nature du sol avait obligé de donner aux pieux des palées, enlevait à l'ouvrage une grande partie de sa stabilité; et, pour remédier à cet inconvénient, il fallut ajouter pour chaque pile en rivière un accorage servant en même temps de défense pour ces piles contre le choc des bateaux.

Cet ouvrage a été terminé en mars 1883. La gravure que nous en donnons (page 39) a été faite d'après une photographie prise sur place.

Pour le pont de *Ben-Luc*, le projet primitif avait été établi de manière que le tablier du pont fût horizontal et que, par suite, toutes les travées de 21^m60 eussent la même hauteur de 10 mètres au-dessus de l'eau et pussent donner passage aux jonques à voiles chinoises qui circulent dans le grand Vaico.

Il parut ensuite plus avantageux de ménager une seule travée marinière, avec le maximum de hauteur, et de faire commencer la pente à partir de cette travée centrale. On bénéficia ainsi de toute la pente répartie sur le pont, ce qui permit de diminuer beaucoup les rampes d'accès. Plus tard, on se décida à substituer aux travées centrales de 21^m60, trois grandes travées de 60 mètres de portée chacune : celle du milieu, servant de travée marinière, conserve la hauteur de 10 mètres entre le dessous des poutres et les hautes eaux, et les deux autres sont disposées de chaque côté avec une pente de 0,0075 par mètre. L'ouvrage devait être complété par 3 travées de 21^m60 et 2 travées de 8^m10 sur chaque rive, disposées avec la pente de 0^m015 qui est celle des rampes d'accès en terre.

Le pont fut donc construit avec 3 travées de 60 mètres, 6 travées de 21^m60 et 4 travées de 8^m10, soit une longueur totale de 342 mètres. Les travaux commencés en 1882 furent terminés à la fin de 1883.

Dans la fondation des piles pour les travées de 21^m60, on traversa une couche de vase molle de 7 mètres environ d'épaisseur, suivie d'une couche d'argile blanchâtre et ensuite d'une couche argilo-ferrugineuse suffisamment dure.

Mais pour les piles des travées centrales, le terrain des fondations

Montage du pont du Vaïco occidental à Tan-An, en Cochinchine. (D'après une photographie.) (Travée centrale de 80 mètres; longueur totale, 224m 50.) État des travaux : le 24 juillet 1883.

Entrepreneur : G. EIFFEL, Ingénieur et constructeur à Levallois-Perret (Seine).

était constitué par une faible couche de gros gravier suivie immédiatement d'une couche d'argile très compacte mélangée de rognons ferrugineux de plus en plus nombreux qui passait insensiblement à la couche bien connue en Cochinchine sous le nom de pierre de Bien-Hoâ. Les vis en fonte ne purent s'enfoncer qu'avec les plus grands efforts et les pieux cassèrent dès qu'on arriva à la couche de Bien-hoâ. Aussi pour consolider les palées centrales, il fut décidé qu'après le vissage des pieux, elles seraient enfermées dans un encaissement de béton. De plus, on avait exécuté un contreventement et un accorage pour ces piles. Le montage des travées centrales eut lieu au moyen d'un pont de service en bois dont l'établissement fut assez difficile, car il n'y avait pas moins de 12 mètres de profondeur d'eau à marée haute.

Le pont était complètement achevé, lorsque les remblais (environ 9 mètres de hauteur) des rampes d'accès provoquèrent un mouvement du sol aux abords et produisirent dans les berges des glissements compromettants pour les palées de rive. On se décida alors à prolonger le pont par l'adjonction de quatre nouvelles travées de 51^m80 chacune. Aujourd'hui ce travail n'est pas encore terminé.

Le pont de *Tan-An* présente une grande travée centrale de 80 mètres, prolongée à chaque extrémité par une poutre demi-parabolique de 22^m15, plus 3 travées de 21^m60 et 4 travées de 8^m10, soit une longueur totale de 221^m50. (Voir la gravure de la page 41, exécutée d'après une photographie que nous avons fait faire sur place, et qui donne l'état des travaux au 24 juillet 1883.)

La travée de 80 mètres a été substituée aux 4 travées centrales de 21^m60 que comportait le projet primitif, afin de supprimer les palées centrales dont les pieux auraient été presque impossibles à visser à cause de la très grande profondeur du Vaïco, profondeur qui atteignait au milieu 22 mètres en hautes eaux. Les prolongements de 22^m15 donnent au raccordement des grandes poutres de la travée de 80 mètres avec les petits tabliers de 21^m60 un aspect très satisfaisant, par suite de la courbure des membrures supérieures des culasses, et ils ont surtout pour effet de consolider très efficacement les palées de la travée de 80 mètres.

On a employé un système de montage analogue à celui qui a été employé au pont de Porto (Portugal), et au pont de Cubzac sur la Dordogne. Il consiste à monter les pièces en porte-à-faux au moyen de bigues qui sont portées par la construction elle-même. On part des deux côtés, pour venir faire la jonction au milieu. L'emploi de ce système est des plus sûrs : ce qui peut arriver de pire, c'est qu'une pièce tombe à l'eau ; mais on n'a pas à redouter un désastre comme il peut s'en produire lorsqu'on flotte une travée tout entière.

Pour le profil en long de la voie, on a conservé l'horizontalité sur le tablier de 80 mètres, et puis une pente de 0^m015 de chaque côté pour les autres travées.

La ligne de Saïgon à Mytho a une longueur de 71 kilomètres. Elle a été ouverte à l'exploitation le 18 juillet 1885.

Les travaux de terrassement auraient dû être terminés le 31 décembre 1883 ; mais les rampes d'accès des grands ponts dont nous avons parlé ont été longues et difficiles à exécuter. Elles ont occasionné un retard de plus de dix-huit mois à l'ouverture de la ligne et nécessité un transbordement des voyageurs et des marchandises à

Ben-Luc pour le passage du Vaïco oriental, qui dure encore aujourd'hui.

Actuellement le trajet de Saïgon à Mytho se fait en 3 heures 50 minutes (avec transbordement au Ben-Luc). Il y a deux trains par jour dans chaque sens. Le nombre des stations intermédiaires est de 6.

Le poids des rails est de 20 kilogrammes le mètre courant. Le poids des locomotives est de 20 tonnes.

Le transbordement qu'on est obligé de subir pour la traversée du Vaïco oriental fait perdre beaucoup de temps aux voyageurs, puisque pour franchir la distance entre les stations de Ben-Luc et de Tan-An qui n'est que de 15 kilomètres, il faut 1 heure 22 minutes. La durée du parcours entier étant de 3 h. 50 minutes pour 71 kilomètres, cela représente une vitesse moyenne effective de 18 kilomètres et demi à l'heure seulement; ce qui est bien peu pour une voie ferrée essentiellement destinée aux voyageurs.

L'exploitation ne datant que de quelques mois, il est impossible aujourd'hui de juger quelle pourra être la recette kilométrique moyenne de cette ligne ; mais il est probable que de longtemps encore, elle ne transportera pas les riz de chez les cultivateurs aux marchés de Cholon, de Saïgon ou de Mytho, et que son trafic se bornera au transport des voyageurs (et surtout des fonctionnaires civils et militaires qui constituent les deux tiers environ de la population européenne), ainsi qu'à celui des fruits et de quelques marchandises précieuses.

Du reste, la plupart des membres du Conseil colonial qui ont voté l'établissement de cette voie ferrée ne se faisaient aucune illusion sur son rendement. L'un d'eux disait dans la séance du 27 décembre 1881 : « Quant au chemin de fer de Saïgon à Mytho, je suis parfaitement convaincu qu'il ne rapportera absolument rien, pécuniairement parlant... Ce ne sera jamais qu'une inutilité, un joujou offert à la curiosité des Annamites. » Ce sont des considérations d'ordre politique et administratif qui ont prévalu dans cette affaire. Il faut attendre encore quelques années pour se rendre un compte exact de l'utilité plus ou moins réelle de ce travail.

Nous sommes fort tenté de croire cependant que le chemin de fer de Saïgon à Mytho, qui n'est pas une voie stratégique, ne deviendra pas non plus une voie réellement commerciale et qu'en lui attribuant, dans un avenir peu éloigné, comme le faisaient la plupart de ses promoteurs, la moitié au moins du trafic actuel des riz qui se fait par les voies d'eau, on se trompe singulièrement. On a eu le tort, suivant nous, en Cochinchine, dans ces dernières années, de vouloir un peu trop exécuter les travaux publics et principalement les voies de communication, comme si on était en France. On a trop souvent employé des systèmes, des types usités dans la Métropole et qui n'ont aucunement leur raison d'être dans ce pays.

Peut-être eût-il mieux valu, puisque l'administration coloniale voulait, à tort ou à raison, faire immédiatement exécuter des chemins de fer, lancer une voie ferrée provisoire dans le nord par Tay-ninh et Preyveng pour aboutir à Pnom-Penh. Seulement il aurait fallu se contenter d'une voie étroite de 0^{m}50 à 0^{m}60 de largeur (système Decauville ou tout autre analogue) qu'on aurait pu poser rapidement et économiquement, en suivant autant que possible les routes ou les sentiers déjà pratiqués et qui n'eût demandé alors ni grands terrassements, ni ouvrages d'art importants et coûteux.

On aurait obtenu ainsi une *ligne de pénétration* qui nous eût permis de compléter l'exploration méthodique de toute la partie nord de la Cochinchine et d'une partie du Cambodge fort mal connues encore et dont on ignore complètement les ressources. Au point de vue de la colonisation, une pareille voie eût pu rendre des services importants; elle eût fait naître un certain mouvement commercial dans ces districts qui ne sont pas desservis comme la basse Cochinchine par un réseau très étendu de voies navigables; et plus tard il eût été facile de la transformer progressivement en une voie ferrée mieux établie et plus solidement construite, si les besoins du commerce l'avaient demandé. Certainement il est impossible d'affirmer, *à priori*, qu'une pareille œuvre doive réussir à donner des résultats satisfaisants à bref délai; mais au moins elle aurait valu la peine d'être tentée et elle aurait pu l'être sans grandes dépenses. On aurait eu là, en même temps, une véritable *voie stratégique* sur laquelle on eût échelonné de distance en distance les postes militaires nécessaires à la complète occupation de la contrée.

Tramway à vapeur de Saïgon à Cholon. — Depuis le mois de juillet 1882, un tramway à vapeur relie Saïgon à Cholon, la ville la plus peuplée (environ 40 000 habitants) et la plus importante de la Cochinchine au point de vue commercial, à cause de ses grands entrepôts de riz [1].

Dès le 26 janvier 1880, un arrêté du Gouverneur avait accordé à une Société l'établissement et l'exploitation, pour trente années, d'une ligne de tramways, à traction à la vapeur, destinée au transport des voyageurs et des petits colis entre Saïgon et Cholon, dont la distance n'est que de 5 kilomètres.

En juin 1880, le directeur de la Société exposant dans un mémoire au Gouverneur les inconvénients, au point de vue de l'exploitation, des courbes de petit rayon que comportait le projet primitif et les difficultés de la traction sur des rails à ornières au niveau de la chaussée aux abords des deux villes, demandait à faire des modifications importantes dans la construction (telles que la pose de rails Vignole en saillie sur le sol, etc.). Ces modifications, qui lui furent accordées, font de cette ligne un véritable chemin de fer ordinaire à voie étroite de 1 mètre, tant au point de vue de la construction que de la traction et de l'exploitation.

Ce tramway fonctionne très régulièrement depuis plus de quatre ans et rend de grands services pour le transport des voyageurs. La circulation est très active entre Saïgon et Cholon (il y a jusqu'à trois trains par heure, pendant une partie de la journée), surtout à cause des Chinois qui forment la plus grande partie de la population de Cholon et qui ont immédiatement adopté ce moyen de locomotion pour lequel ils ont toujours montré, depuis, une préférence marquée.

---

[1] C'est par les magasins de Cholon que passent les 4 à 5 millions de *piculs* de riz destinés à l'exportation; c'est là qu'ils sont préparés et mis en sacs, pour partir ensuite par l'arroyo chinois pour Saïgon, d'où les bateaux doivent les emporter en Chine, au Japon, à Java, à Singapore, à Manille.

Le *picul* de riz est de 68 kilogr. à Cholon. En général, le *picul* varie, suivant les localités, entre 60 et 64 kilogr.

En terminant cette étude, il nous paraît utile de donner à nos lecteurs le tableau comparatif des dépenses annuelles (en nombres ronds de francs), faites de 1864 à 1884 en Cochinchine, pour les travaux neufs ou d'entretien exécutés par le service des Travaux publics comprenant la section des Ponts et Chaussées et la section des Bâtiments civils.

La dépense totale est de près de *65 millions*.

Années	Dépenses en travaux publics		
	Ponts et Chaussées	Bâtiments civils	Totales
1864	2.542.000	344.000	2.886.000
1865	730.000	1.181.000	1.911.000
1866	1.057.000	1.208.000	2.265.000
1867	504.000	821.000	1.325.000
1868	500.000	1.865.000	2.365.000
1869	1.043.000	1.597.000	2.640.000
1870	631.000	1.087.000	1.718.000
1871	705.000	1.845.000	2.550.000
1872	1.792.000	2.581.000	4.373.000
1873	1.850.000	2.800.000	4.650.000
1874	1.150.000	1.137.000	2.287.000
1875	1.137.000	2.253.000	3.390.000
1876	2.146.000	1.733.000	3.879.000
1877	1.717.000	1.431.000	3.148.000
1878	1.371.000	1.598.000	2.969.000
1879	1.471.000	1.856.000	3.327.000
1880	»	»	1.059.000
1881	»	»	1.194.000
1882	»	»	5.937.000
1883	»	»	5.536.000
1884	»	»	5.255.000

Ajoutons-y, comme renseignements présentant un certain intérêt, les prix de revient des bâtiments les plus importants construits à Saïgon.

Désignation des bâtiments	Coût total en francs	Années de leur construction
Palais du Gouvernement (1)	4.718.000	1867-74
Cathédrale	2.618.000	1877-80
Prison centrale	405.000	1864-66
Palais de justice	320.000	1866-68
Direction de l'intérieur	310.000	1869-72
Hôpital de Cho-Quan	300.000	1864-79
Collège Chasseloup-Laubat	222.000	1875-77
Cercle des officiers	179.000	1875-76
Jardin botanique	159.000	1864-76
Collège d'Adran	150.000	1871-73
Evêché	110.000	1869-70
Service des Travaux publics	97.000	1874-75

---

(1) Ce palais est certainement le plus bel édifice de Saïgon. Situé au milieu d'un parc superbe, il a une longueur de 80 mètres en façade, et se compose d'une partie centrale surmontée d'un dôme, de deux corps de bâtiments principaux, et de deux pavillons aux extrémités. Il est construit entièrement en pierre de taille.

Conclusion. — De l'étude que nous venons de faire des diverses voies de communication exécutées ou projetées dans notre colonie de Cochinchine, des renseignements sommaires que nous avons donnés sur la constitution physique du pays, sur son climat, sur ses habitants, sur son agriculture et son commerce, il nous paraît résulter qu'il n'y a pas lieu de songer, d'ici bon nombre d'années, à prolonger le chemin de fer de Saïgon à Mytho jusqu'à Vinh-Long et Pnom-penh, ni à construire d'autres voies ferrées analogues à celles du réseau français; mais qu'il faut surtout s'attacher à un entretien sérieux, à une amélioration constante des voies navigables actuelles et à la création de quelques nouveaux canaux. Le réseau formé par les grandes voies fluviales, par les rachs et les arroyos dont le pays est sillonné en tous sens, a été jusqu'ici et sera sans doute, pendant de longues années encore, le réseau naturel le plus facile et le plus économique pour les voies de transport. Les chemins de fer proprement dits pourront venir ensuite, à leur tour, à leur heure, lorsque l'agriculture se sera développée par la culture de nouveaux produits autres que le riz, lorsque le commerce d'exportation aura progressé et que l'immigration européenne aura amené dans ce pays un nombre suffisant d'hommes et de capitaux.

Paris, mai 1886.

R. GENTILINI

LES VOIES DE COMMUNICATION EN COCHINCHINE — PL. I

CARTE GÉNÉRALE
des Voies de Communication
exécutées ou projetées en Cochinchine.
Échelle : 1/2.000.000

- +++++ Frontière d'État
- Fleuves
- Canaux, Arroyos, Rachs
- Chemin de fer de Saïgon à Mytho
- Routes Coloniales
- ○ Localités principales

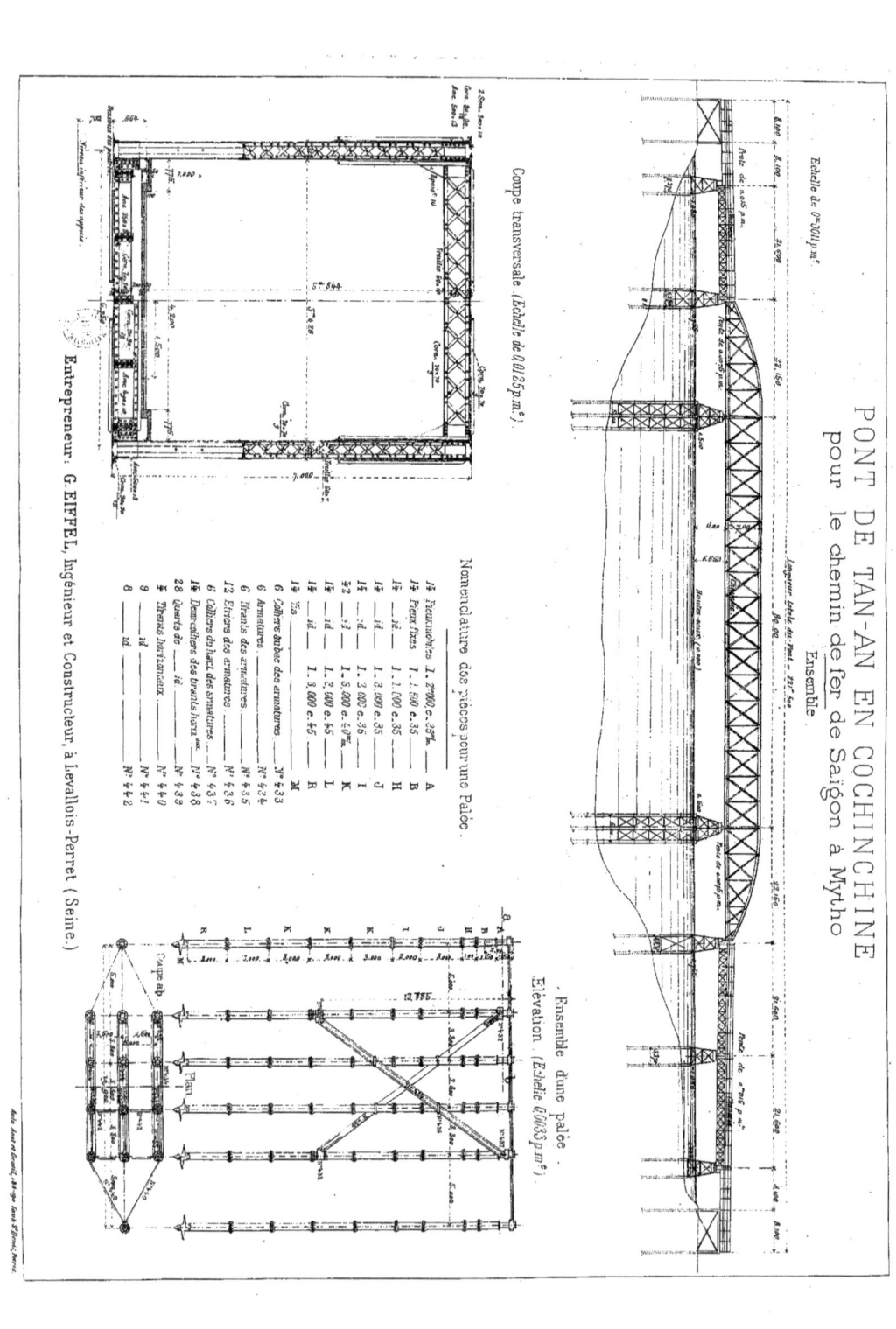

Tome V. — N° 2.   10 Mai 1884.

LE GÉNIE CIVIL
REVUE GÉNÉRALE DES INDUSTRIES FRANÇAISES & ÉTRANGÈRES

SOMMAIRE. — Travaux publics. Travaux du canal de Panama. Matériel de dragages (planche II), p. 17. — Constructions navales. Coques de navires. Études du déplacement et de stabilité (suite), p. 21; E. Cambron. — Mécanique. Touage sur chaîne sans fin. Expériences et projet de M. Zédé, p. 23. — Chimie industrielle. Le verre trempé, p. 24; Ch. Thomas. — Miers. Statistique de l'industrie minérale en France, p. 25; F. Nivoit. — Beaux-Arts. Salon de 1884. Le Salon de peinture (suite), p. 26; Raoul Marias. — Chronique et informations. L'industrie de la soie aux États-Unis, p. 29. — Les Musées canadiens, p. 29. — Emploi des locomotives Compound, système Webb, sur le London and North Western Railway, p. 30. — Note sur la production des mines et usines dans l'empire d'Allemagne, en 1882, p. 30. — Travaux d'accès du port de Paris, p. 30. — Ouverture d'un cours de météorologie à la Faculté des Sciences de Paris, p. 30. Capital et capitaux, p. 30; Liais.

SOCIÉTÉS SAVANTES ET INDUSTRIELLES. — Académie des sciences, séances des 21 et 28 avril 1884, p. 31; F. des Tournelles. — Société d'encouragement pour l'industrie nationale, séance du 28 mars 1884, p. 32; G. Petit. — Société chimique de Paris, séance du 26 avril 1884, p. 32.

BIBLIOGRAPHIE. — Livres récemment parus, p. 32.

Planche II : Travaux du canal de Panama. Matériel de dragage.

TRAVAUX PUBLICS

TRAVAUX DU CANAL DE PANAMA (¹)
Matériel de dragage
(Planche II.)

Les travaux du canal de Panama comportent l'exécution de dragages dans deux conditions différentes : 1° les approfondissements en mer; 2° le creusement du canal dans les terres.

Le premier genre de travail revient aux dragues marines que nous avons décrites précédemment (²).

Les appareils dont nous allons parler aujourd'hui s'appliquent plus particulièrement au second, que l'on doit diviser en deux périodes pour suivre une marche rationnelle.

Dans la première période, il faut s'efforcer de pénétrer le plus loin possible dans l'intérieur de l'isthme, en créant une rigole à largeur réduite et à faible tirant d'eau. L'habileté au point de vue de l'influence morale, tout autant que de l'intérêt pratique des travaux, commande d'agir ainsi.

Lorsque, le 28 novembre 1858, l'aviso de l'État le Leverrier put passer de la Méditerranée dans la mer Rouge, ce fut pour le canal de Suez un événement d'une importance considérable. Il est vrai que ce petit navire avait emprunté le canal d'eau douce pour se rendre à Ismaïlia, qu'on avait dû, malgré son faible tirant d'eau, l'allèger

Travaux du Canal de Panama. — Drague à déverser latéral travaillant dans l'isthme (d'après une photographie).

encore par des flotteurs et prendre mille précautions pour assurer le succès de la traversée. Peu importe; l'isthme avait été franchi et la confiance dans le succès définitif du canal s'emparait des plus incrédules.

A Panama, il ne peut être question d'aller d'une mer à l'autre à bref délai; le massif central fermera le chemin jusqu'au dernier moment. Mais que l'on puisse venir sur les deux versants jusqu'au pied de la Cordillère, que la navigation soit ouverte à la batellerie de

(1) Voir le Génie Civil, tome III, n°s 3, 4, 6, 8, 12, 14, 15 et 16 et tome IV, n°s 4, 5, 12 et 21.
(2) Voir le Génie Civil, tome IV, n° 19.

LE GÉNIE CIVIL
Rédacteur en chef : MAX DE NANSOUTY, Ingénieur civil, A. ☞
Secrétaire de la Société internationale des Électriciens et de la Société des Ingénieurs civils (1886)

HEBDOMADAIRE

Prix de l'abonnement : Paris, 36 fr. — Départements, 38 fr. — Étranger (Union postale), 40 fr. — Autres pays le port.

Un numéro : 1 franc.

IMPRIMERIE CENTRALE DES CHEMINS DE FER. — IMPRIMERIE CHAIX.
RUE BERGÈRE, 20, PARIS. — 17578-6.

www.ingramcontent.com/pod-product-compliance
Lightning Source LLC
LaVergne TN
LVHW022145080426
835511LV00008B/1269